Martin Wörner

Die Welt an einem Ort

Illustrierte Geschichte der Weltausstellungen

Dietrich Reimer Verlag

Abbildungsnachweis:

Die Deutsche Bibliothek – CIP-Einheitsaufnahme

Ein Titeldatensatz für diese Publikation ist bei der
Deutschen Bibliothek erhältlich

Zimmerstraße 26–27
10969 Berlin

Einbandgestaltung und Layout Bayerl & Ost,
Frankfurt a. M.
Umschlagabbildungen:
Parachute Jump (S. 233), Illumination Eiffelturm, (S. 34), Deutscher Pavillon 1967 (S. 67), Musik-Kapelle (S. 230), Kristallpalast (S. 9), Holländischer Pavillon (S. 73), Menschenmassen S. 118), Fahrradfahrer (S. 133), Pontiac (S. 142), Corliss-Maschine (S. 150), Palais de l'Air (S.160), Roboter (S. 183), Sevilla (S. 115)

Gesamtherstellung: Hofmann-Druck, Augsburg
Printed in Germany
ISBN 3-496-01215-3

INHALT

VORWORT

Diese Publikation stellt die Geschichte der Weltausstellungen anhand kommentierter Bildquellen vor.
Neun thematisch gegliederte Kapitel beleuchten das Phänomen Weltausstellung in seinen vielfältigen Facetten. Im Mittelpunkt stehen hierbei zeitgenössische Abbildungen, vermitteln sie doch ein überaus plastisches Bild der Faszination dieser nur für wenige Monate veranstalteten ‚Universalshows der Menschheit'.
Die visuellen Momentaufnahmen verdeutlichen darüber hinaus den oft nicht bekannten - oder zumindestens unterschätzten - Einfluss der Weltausstellungen auf die unterschiedlichsten Bereiche der Zivilisation. Das dort präsentierte Spektrum umfasst nationale Selbstdarstellung, kulturellen Austausch und innovative Erfindungen ebenso wie die Reflexion über die Geschichte der Menschheit oder die Formulierung von Zukunftsvisionen: Damit wird ein Bogen von der ersten Weltausstellung in London 1851 bis zur EXPO 2000 in Hannover gespannt.

Ohne die folgenden Mitstreiterinnen und Mitstreiter hätte diese Arbeit nicht geschrieben werden können: Nina Gorgus, Ulrich Hägele, Ilona Heuchel, Vera Hierholzer, Paul Sigel und Simone Wörner - ihnen sei an dieser Stelle ein herzlicher Dank ausgesprochen!

Martin Wörner
Münster, den 1. Mai 2000

1. Kristallpalast, London 1851

„Die Kultur aller Völker und aller Zeiten für die Dauer von 6 Monaten in einer Stadt zur ‚Ausstellung' zu bringen, ist ein Unternehmen wie der Turm von Babel, der bis zum Himmel reichen sollte: gigantisch und unausführbar, aber von berauschender Grossartigkeit für den Besucher." [1]

EINLEITUNG

Die Weltausstellungen blicken auf eine nunmehr beinahe 150-jährige Geschichte zurück. Ihr ursprüngliches Ziel war es, in „friedlichem Wettkampfe die Produzenten gleichartiger Erzeugnisse aus allen industriellen Ländern gegenüberzustellen", um so „für den Werth und die Preiswürdigkeit dieser Erzeugnisse ein unzweifelhaft sicheres Urtheil herbeizuführen."[2]
Das Spektrum der ausgestellten Güter erstreckte sich von industriell hergestellten Massenartikeln, Kunstwerken oder Luxuswaren bis zu aufsehenerregenden Erfindungen. Hier inszenierte sich die Welt - besonders im 19. Jahrhundert - in einem pompösen Jahrmarkt aus glänzenden Maschinen, unüberschaubaren Warenpräsentationen und prunkvollen Palästen.

Darüber hinaus sind Weltausstellungen aber auch als „Katalysatoren des Zeitgeistes"[3] zu verstehen. Sie haben als „Erfahrungsorte der Weltgemeinschaft"[4] vielschichtige Funktionen und Leitmotive, mit denen seismographisch aktuelle Tendenzen und Befindlichkeiten aufgegriffen werden: Industrieller und kultureller Wettstreit, Entertainment und Bildung der Massen gehen auf diesen populären ‚Welt- und Zeitreisen an einem Ort' Hand in Hand.

Weltausstellungen gelten nicht zuletzt als Experimentierbühnen der Reflexion über Geschichte und Zukunft und sind massenwirksame Foren für die Belange der Zivilisation im Spannungsfeld zwischen Tradition, Innovation und Utopie.

1 Georg Malkowsky (Red.): Die Pariser Weltausstellung in Wort und Bild. Berlin 1900, S. 65.
2 Kommission für die Industrie-Ausstellung an den Gewerbestand Preussens (1851), S. 10.
3 Helmut Gold: Wege zur Weltausstellung. In: Hermann Bausinger, Klaus Beyrer, Gottfried Korff (Hg.): Reisekultur. Von der Pilgerfahrt zum modernen Tourismus. München 1991, S. 320–326; hier S. 320.
4 Gerhard Wegner: Optimistisch, jung, global, faszinierend. Die Herausforderung der Expo 2000. Hannover 1997, S. 13.

Der Ursprung der Weltausstellungen reicht bis ans Ende des 18. Jahrhunderts zurück, als seit 1798 in Paris eine Reihe von nationalen Gewerbeschauen ausgerichtet wurde. Sie bildeten den Grundstein für unzählige nationale und internationale Veranstaltungen in aller Welt.

Am Beginn der Erfolgsgeschichte Weltausstellung, die bislang rund 800 Millionen Menschen in ihren Bann zog, stand die 1851 in London abgehaltene „Great Exhibition of the Works of Industry of all Nations“. Nicht ohne Grund fand dieses Unternehmen in England statt: Das Empire bot in jener Zeit neben Frankreich als einziges Land die infrastrukturellen Grundlagen, ein derartiges Großereignis - es wurden mehr als sechs Millionen Besucherinnen und Besucher aus aller Welt gezählt - zu bewältigen.

erzielte einen - auch in finanzieller Hinsicht - überwältigenden Erfolg.

Dies veranlasste in der Folgezeit zahlreiche Städte auf verschiedenen Kontinenten, in geringen Zeitabständen eine derartige Schau durchzuführen. Bereits 1853/54 fand in New York die „Exhibition of the Industry of all Nations“ statt, die sich auch in ihrer Architektur am legendären Kristallpalast von London orientierte. Es beteiligten sich jedoch nur 4.000 Aussteller, und sie schloss mit beträchtlichem wirtschaftlichem Minus ab. Dennoch verlor die Idee Weltausstellung nichts von ihrer Faszination. Schon wenig später in Paris 1855 oder London 1862 feierte sich die Weltgemeinschaft in grandiosen Festen.

2. „All the World is going to the Fair“, Karikatur von George Cruikshank

3. Ausstellungs-Medaillen, London 1862

Zu Fuß, mit der Pferdekutsche, mit dem Schiff und mit dem modernen Verkehrsmittel Eisenbahn strömte das Publikum erwartungsvoll in die Metropole London. Hier präsentierten mehr als 17.000 Aussteller aus 25 Ländern sowie zahlreichen Kolonien eine bis dahin einzigartige globale Mustersammlung menschlichen Schaffens: Technische Erfindungen, neuartige Maschinen, vorbildliche Handwerksprodukte und Gegenstände des alltäglichen Lebens vereinigten sich zu einer vielbestaunten universalen Show der Menschheit. Die Veranstaltung

Einen weiteren Meilenstein des Ausstellungswesens im 19. Jahrhundert setzte 1867 die „Exposition universelle de Paris.“ Mehr als 6,8 Millionen Menschen besichtigten die Exponate von 52.000 Ausstellern aus 44 Ländern: „Menschenhebemaschine“ und Offenbach-Operette, Inka-Tempel und Monsterkanone - die hier vorgeführte Melange aus wirtschaftlichem Wettbewerb, nationaler Repräsentation, der Inszenierung von Vergangenheit, Gegenwart und Zukunft wurde prägend für folgende Expositionen.

4. Aufsicht auf den Ausstellungspalast mit angrenzendem Marsfeld (Ausschnitt), Paris 1867

5. Ausstellungsmedaille, Wien 1873

Gustave Flaubert hielt in einem Brief an George Sand seine Eindrücke fest: „Ich war zweimal in der Ausstellung; man wird davon erschlagen. Es gibt dort großartige und höchst merkwürdige Dinge. Doch der Mensch ist nicht geschaffen, um das Unendliche zu verdauen. Man müßte sämtliche Wissenschaften und sämtliche Künste kennen, um sich für alles zu interessieren, was es auf dem Champ de Mars zu sehen gibt. Gleichviel, wenn jemand drei ganze Monate Zeit hätte und jeden Morgen hinginge und sich Notizen machte, würde er sich später eine Menge Lektüre und viele Reisen ersparen." [5]

Nachdem sich bis dahin hauptsächlich die führenden Weltnationen England und Frankreich mit der Ausrichtung von Weltausstellungen abgewechselt hatten, wollte die Habsburgermonarchie nicht länger nachstehen: Im Jahr 1873 wurde die Welt anlässlich des 25-jährigen Regierungsjubiläums Kaiser Franz-Josephs nach Wien eingeladen. Ein speziell hierfür komponierter Walzer von Johann Strauss Jr. sollte die Gäste auf das Ereignis einstimmen: Er trug den bezeichnenden Titel »Bei uns z' Haus«.

Unter den mehr als sieben Millionen Besucherinnen und Besuchern befand sich auch der junge Sigmund Freud: „In der Ausstellung war ich bereits zweimal. (...) Es ist im Ganzen ein Schaustück für die geistreiche, schönselige und gedankenlose Welt, die sie auch zumeist besucht. Nach meiner ‚Marter' (so richten wir unter uns den Namen Matura zu) gedenke ich Tag für Tag hinzugehen. Es ist unterhaltend und zerstreuend. Man kann dort auch prächtig allein sein in all dem Getümmel."[6]

Die Veranstaltung stand jedoch unter keinem guten Stern: Ein Börsencrash sorgte für große Verunsicherung, in Wien brach die Cholera aus, an der 2.900 Menschen starben,

5 Gustave Flaubert. Briefe. Herausgegeben und übersetzt von Helmut Scheffel. Stuttgart 1964, S. 516f.
6 Sigmund Freud: Briefe 1873–1939. Ausgewählt und herausgegeben von Ernst L. Freud. Frankfurt a. M. 1960, S. 5f.

und am Ende stand ein großes finanzielles Defizit. Im historischen Rückblick fällt die Bewertung der Wiener Weltausstellung - wie bei vielen Unternehmungen dieser Art - weitaus positiver aus: Sie bedeutete für die Stadt Wien mit dem bis dahin abgeschlossenen Ausbau der Ringstraße eine beträchtliche Verbesserung ihrer Infrastruktur; der außenpolitische Image-Gewinn für die k. u. k. Monarchie war immens.

1876 richtete schließlich die USA eine große Weltausstellung aus - die „Centennial Exhibition", veranstaltet anläßlich der 100-Jahr-Feier der Gründung der Vereinigten Staaten von Amerika. Hier waren erstmals in größerer Zahl verschiedene Ausstellungsgebäude zur Unterbringung der ausgestellten Waren zu sehen.

Der deutsche Techniker, Juror und Ausstellungskommissar Franz Reuleaux berichtete aufs Höchste beeindruckt: „Diese zahlreichen Einzelausstellungen, die oft von bedeutenden Dimensionen sind, wirken mit den grossen Hauptsälen zusammen gleichsam wie die Sätze einer gewaltigen Fuge, in der jede Stimme den Hauptsatz aufs neue intoniert, aber jedesmal in ihrem eigenen Karakter, sich mit den anderen Figuren verschlingend und verwebend, bis endlich das ganze ungeheuere Industrie-Orchester brausend und rauschend das Thema gemeinsam zum Schlusse führt."[7]

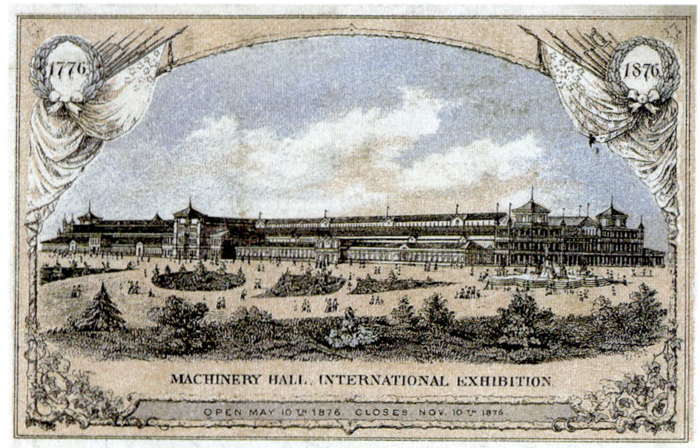

6. **Ansicht der Maschinenhalle, Philadelphia 1876**

Schon zwei Jahre später war wiederum Europa mit der „Exposition universelle de Paris" Schauplatz einer großen Weltausstel-

7. **Ansicht des Geländes, Paris 1889**

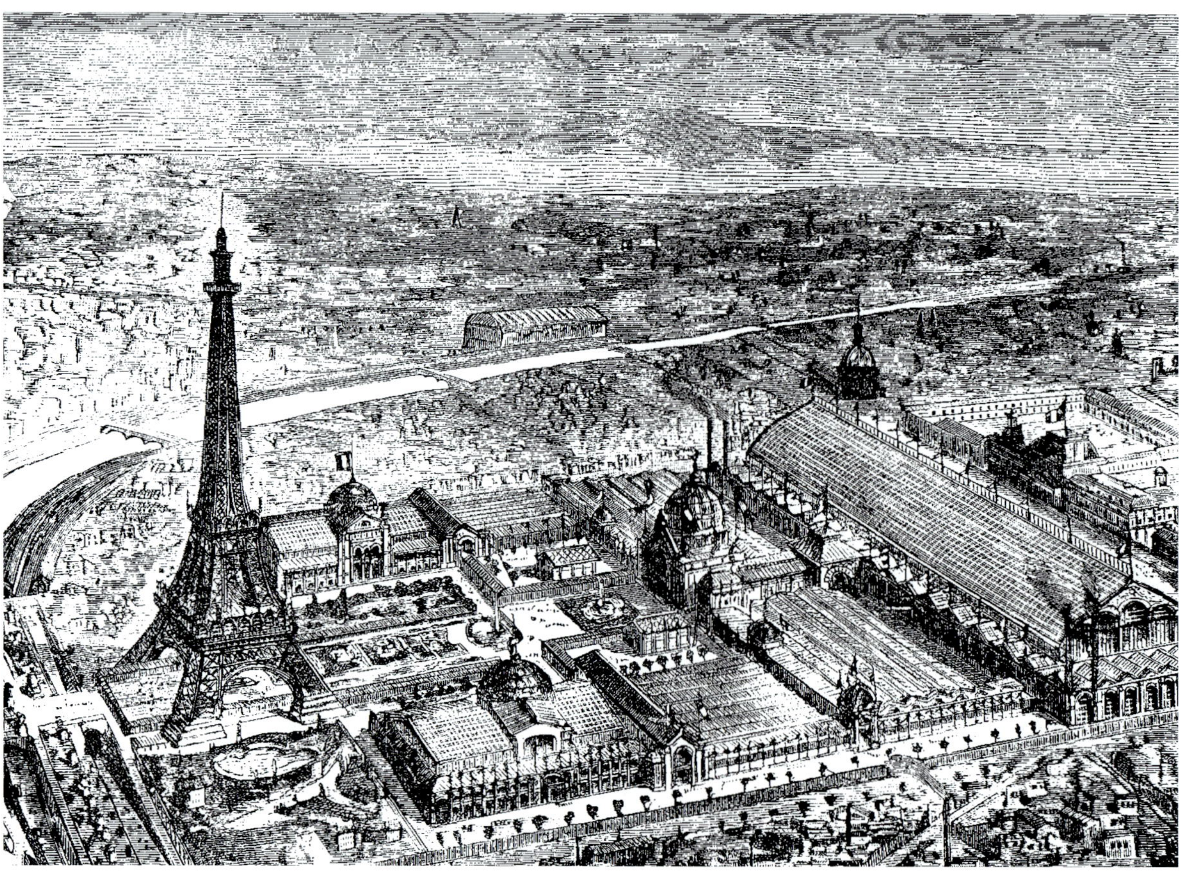

7 Franz Reuleaux: Briefe aus Philadelphia. Braunschweig 1877, S. 1f.

lung. Aber auch in Australien veranstaltete man im 19. Jahrhundert mehrere internationale Expositionen, etwa 1878/79 in Sydney oder 1880/81 und 1888/89 in Melbourne. Im neuseeländischen Dunedin war 1889/90 eine internationale Ausstellung zu sehen, die 625.248 Menschen besuchten – die Gesamtbevölkerung dieses Landes betrug zu dieser Zeit ca. 660.000 Einwohner!

Die Pariser „Exposition universelle de 1889" setzte schließlich, nicht zuletzt wegen des spektakulären Wahrzeichens, des Eiffelturms, einen weiteren Glanzpunkt des Ausstellungswesens im 19. Jahrhundert.

Trotz des weitgehenden Boykotts der westlichen Monarchien – man zelebrierte hier den 100-sten Jahrestag der französischen Republik – wurde die Schau zu einem außenpolitischen Triumph der „Grande Nation".

Ähnlich verhielt es mit der „World's Columbian Exposition" in Chicago 1893, mit der die USA sich erstmals als industrielle Weltmacht profilierte. Begangen wurde hier der 400ste Jahrestag der Entdeckung des Kontinents durch Christoph Columbus – aufgrund organisatorischer Schwierigkeiten freilich ein Jahr verspätet.

Columbus war hier allgegenwärtig: Sein Konterfei schmückte die Eintrittskarten der Ausstellung, vor dem Gelände ankerte der Nachbau einer Karavelle, mit der er den neuen Kontinent errreicht hatte. Auch musikalisch wurde seiner gedacht: Man führte Richard Wagners heute weitgehend unbekannte „Columbus-Ouvertüre" auf, in der dieser

8. Eintrittskarte, Chicago 1893

9. Ansicht des Ausstellungsgeländes, Paris 1900

bereits als 22-jähriger die Reise des Seefahrers musikalisch verarbeitet hatte.

Den Höhepunkt des Ausstellungswesens im 19. Jahrhundert bildete die „Exposition universelle“ in Paris 1900. Mehr als 80.000 Aussteller aus 40 Ländern präsentierten ihre Produkte, über 50 Millionen Menschen besichtigten die Ausstellungshallen, Nationenpavillons und zahlreichen Vergnügungseinrichtungen; den höchsten Zuspruch hatte die Ausstellung am 7. Oktober mit 652.000 Besucherinnen und Besuchern.

Aber auch weniger spektakuläre, auf sämtlichen Kontinenten abgehaltene Veranstaltungen schmückten sich mit dem prestigeträchtigen Titel „Weltausstellung“. Dies führte zu einem regelrechten „Exhibitionskultus“.[8] Deshalb fällt es dem Betrachter aus heutiger Sicht schwer, eine verbindliche Liste dieser universalen Schauen der Menschheit zu erstellen: Bis 1900 fanden elf größere Weltausstellungen statt, darüber hinaus wurden mehrere kleinere internationale Expositionen veranstaltet – von den Kolonial-, Landes- und Regionalausstellungen ganz zu schweigen.

Das Massenmedium Weltausstellung verlor auch zu Beginn des 20. Jahrhunderts nichts von seiner Popularität. Den Anfang markierte die „Lousiana Purchase International Exposition“ 1904 in St. Louis, zu der Gäste aus 61 Ländern der Erde anreisten.

Die kurzen zeitlichen Abstände und die Klagen der Länder und Firmen, die sich trotz des beträchtlichen finanziellen Aufwandes aus Prestige- und Marktgründen genötigt sahen, sich daran zu beteiligen, führten dazu, international verbindliche Regeln für die Durchführung von Weltausstellungen aufzustellen. 1928 kam es schließlich zur Ratifizierung einer Konvention, welche den beinahe inflationären ‚Wildwuchs‘ der Veranstaltungen eindämmen sollte und Charakter, Modus und Frequenz der Weltausstellungen seitdem international verbindlich regelt. Das in Paris beheimatete „Bureau International des Expositions“ (B.I.E.) ist nun für alle Fragen der Ausstellungsvergabe zuständig. Es führte zwei unterschiedliche Klassifikationen von Weltausstellungen ein: Die universale Weltausstellung (1. Kategorie) sowie diverse Welt-Fachausstellungen (2. Kategorie). Hierbei muß jedoch betont werden, daß im Rückblick einige Schauen aufgrund ihrer historischen Bedeutung trotz ihrer Einstufung in die 2. Kategorie als ‚vollwertige‘ Weltausstellungen angesehen werden müssen.

1972 wurde eine Vereinfachung des Klassifizierungssystems vorgenommen: seitdem unterscheidet man zwischen „Expositions Générales“ und „Expositions Spécialisées“.

Die Idee Weltausstellung bekam im Verlauf des 20. Jahrhunderts eine neue Dimension: Die Expositionen wandelten sich vom Jahrmarkt weltumspannender Warenpräsentation zum themenspezifischen Forum internationalen Austauschs. So trug die „Chicago World's Fair“ von 1933/34 das Motto „A Century of Progress“; im Rahmen der „Exposition internationale des Arts et techniques dans la Vie moderne“ in Paris 1937 traten etwa mit der Kunst und der Technik zwei bestimmende Merkmale der Moderne ins Zentrum der Ausstellung.

Auf der kurz darauf folgenden „New York World's Fair“ 1939/40 feierten 45 Millionen Besucherinnen und Besucher sowie 1.500 Aussteller aus 55 Ländern eine zukunftsoptimistische Show, deren Euphorie durch den Ausbruch des Zweiten Weltkrieges jedoch jäh unterbrochen wurde: Während man hier die Visionen einer zukünftigen Welt zelebrierte, legte Nazideutschland die bestehende Welt in Schutt und Asche.

Das mit dem NS-Regime verbündete Italien

8 Lothar Bucher: Kulturhistorische Skizzen aus der Industrieausstellung aller Völker. Frankfut a. M. 1851, S. 19.

plante schließlich für 1942 in Rom eine pompöse Weltausstellung. Mit der „Esposizione Universale di Roma" sollte der Idee des Faschismus eine internationale Propagandaplattform gegeben werden. Die monumentalen Gebäude, die heute den römischen Stadtteil EUR bilden, waren zwar weitehend fertiggestellt; der Zweite Weltkrieg verhinderte jedoch die Durchführung. Erst 1958 fand in Brüssel die erste Weltausstellung nach dem Zweiten Weltkrieg statt. Die „Exposition universelle et internationale" erfüllte, im Unterschied zu den zuvor genannten Unternehmungen, die formalen Kriterien des B.I.E. als universelle Weltausstellung.

10. Ausstellungsgelände der E.U.R., Rom 1942

11. Die Pavillons der USA (rechts) und der UdSSR (links), Brüssel 1958

Sie stand jedoch unter dem Schatten des Kalten Krieges: Durch die aufwändigen Beiträge der UdSSR und der USA wurde der Wettbewerb der Nationen zum Wettstreit der Systeme.
1962 folgte die vergleichsweise kleine „Century 21 Exposition" in Seattle, 1964/65 die „New York World's Fair", deren Eingangstore zwar mehr als 51 Millionen Menschen passierten, die jedoch ebenso wie Seattle aufgrund der Vorgaben des B.I.E. nicht zur 1. Kategorie gezählt wird.
Der zeitliche Abstand zwischen der Durchführung von Weltausstellungen vergrößerte sich in der Folgezeit merklich. Bis zum Jahr

12. Spanische Pavillons, Sevilla 1992

2000 wurden nur noch drei „Expositions universelles“ abgehalten: 1967 in Montreal, die „Expo '70“ in Osaka sowie die „Expo '92“ in Sevilla.
Trotz des großen Publikumszuspruchs - Osaka hält mit 64.218.770 Besucherinnen und Besuchern bislang den ‚Weltrekord‘ - und teilweise spektakulären und innovativen Präsentationen ist gegen Ende des 20. Jahrhunderts eine gewisse Weltaussstellungsskepsis festzustellen.
Die Gründe hierfür liegen auf der Hand: Die immensen Kosten und das immer stärkere Zusammenrücken der Welt zum vielzitierten „Global Village“ verstärken die Zweifel am Sinn derartiger Megaevents und lassen viele potenzielle Interessenten vor dem finanziellen Wagnis Weltausstellung zurückschrecken. Dies traf etwa für Paris zu, das eine für 1989 - 100 Jahre nach der berühmten „Exposition universelle“ - projektierte Weltschau zurückzog; gleiches galt für Wien und Budapest, die von der Veranstaltung einer für 1995 geplanten Weltausstellung Abstand nahmen. Trotz mehrer kleinerer, themenbezogener internationaler Schauen, so etwa in Taejon 1993, Genua 1995 oder Lissabon 1998: Die Krise der Weltausstellungen ist offensichtlich.
Mit der EXPO 2000 in Hannover wird nun der Versuch unternommen, dem Unternehmen ein zukunftsträchtiges Profil für das 21. Jahrhundert zu geben.
Deutschland betritt in Hannover erstmals als Gastgeberland die Bühne einer Weltausstellung. Zwar bestanden schon 1892 von Seiten der Industrie und der Regierung ernsthafte Bestrebungen, in Berlin ein derartiges Unterfangen zu realisieren: Die Weltausstellung war schließlich für 1896 im Treptower Park in Berlin geplant. Auf Intervention Kaiser Wilhelms II., der die nicht unbegründete Befürchtung hegte, daß Berlin zu dessen Nachteil mit der Weltstadt Paris verglichen werden könnte, wurde von den Planungen Abstand genommen. Zudem hatte die Seine-Metropole schon die „Exposition universelle“ für das Jahr 1900 unter dem zugkräftigen Motto „Le bilan d'un siècle“ angekündigt: Das Risiko einer schwachen Beteiligung des Auslandes an dem Berliner Projekt schien dem Monarchen zu groß.
Auch eine nationale Ausstellung wurde nicht realisiert; die deutschen Staaten standen diesem Vorhaben in der preussischen Metropole ablehnend gegenüber. So fand schließlich 1896 lediglich eine „Berliner Gewerbeausstellung“ statt, die es freilich in ihrer Aus-

13. **Gelände der Berliner Gewerbeausstellung von 1896**

14. EXPO-Dach am Hermessee (Herzog + Partner), Hannover 2000

dehnung und dem universalen Programm durchaus mit den damals bedeutendsten Weltausstellungen aufnehmen konnte.

Die EXPO 2000 ist mit 156 Ländern, 17 internationalen Organisationen sowie 26 Produkt- und Weltpartnern von Seiten der Beteiligung die bislang bestbesuchte Veranstaltung dieser Art; 40 Millionen Gäste werden erwartet.

Die Weltausstellung steht unter dem Leitbegrifff „Mensch – Natur – Technik“ und hat das ehrgeizige Ziel, Lösungsvorschläge für die zentralen Fragen der Menschheit im 21. Jahrhundert zu präsentieren. Diese Themen der Zukunft werden in mehreren Ausstellungshallen in dem 100.000 qm großen „Themenpark“ publikumswirksam inszeniert.

Erstmals sind auch dezentrale Standorte vorgesehen: Zukunftsweisende Projekte auf der ganzen Welt sollen, quasi als ‚Antennen‘ des „Themenparks“, vorbildliche Lösungsansätze zum Motto dieser Weltausstellung – von einer Solarlampenfabrik in Kenia bis zum bayerischen Biokraftwerk – vorstellen.

15. „Radyo Timoun“, weltweites Projekt der EXPO 2000: haitianische Straßenkinder machen das Programm

London 1851
„The Great Exhibition of the Works of Industry of All Nations"
1. Mai – 15. Oktober
14.000 Aussteller aus 25 Ländern und 15 englischen Kolonien
6.039.195 Besucher

16. **Innenansicht des Kristallpalastes**

Dublin 1853
„Great Industrial Exhibition"
12. Mai – 29. November
1.156.000 Besucher

17. **Ansicht des Ausstellungspalastes**

New York 1853/54
„Exhibition of the Industry of all Nations"
14. Juni 1853 – 1. November 1854
4.000 Aussteller
1.250.000 Besucher

18. **Ansicht des Ausstellungspalastes**

Paris 1855
„Exposition universelle des produits de l'agriculture, de l'industrie et des beaux-arts"
15. Mai – 15. November
23.954 Aussteller aus 31 Ländern und 9 französischen Kolonien
5.162.330 Besucher

19. **Ausstellungspalast**

London 1862
„London International Exhibition on Industry and Art"
1. Mai – 1. November
ca. 25.000 Aussteller aus 36 Ländern (Kolonien ausgenommen)
6.211.103 Besucher

20. **Ausstellungspalast**

Dublin 1865
„International Exhibition of Arts and Manufactures"
9. Mai – 10. November
2.300 Ausstellungsstücke aus 22 Ländern und 22 britischen Kolonien
956.295 Besucher

21. **Innenansicht des Ausstellungspalastes**

Paris 1867
„Exposition universelle de Paris"
1. April – 3. November
52.200 Aussteller aus 44 Ländern und 11 französischen Kolonien
6.805.969 Besucher

22. **Blick in die Maschinengalerie**

Wien 1873
„Weltausstellung 1873 in Wien"
1. Mai – 31. Oktober
53.000 Aussteller aus 37 Ländern
7.255.000 Besucher

23. **Ansicht des Industriepalastes**

Philadelphia 1876
„Centennial Exhibition"
10. Mai – 10. November
30.864 Aussteller aus 35 Ländern, (davon 2 inoffiziell)
8.004.274 Besucher

24. **Ausstellungshallen auf dem Gelände**

Paris 1878
„Exposition universelle de 1878"
20. Mai – 10. November
52.835 Aussteller aus 46 Ländern (Deutschland inoffiziell) und 12 französischen Kolonien
16.156.626 Besucher

25. **Ansicht des Industriepalasts**

Sydney 1878/79
„Sydney International Exhibition"
17. September 1878 – 20. April 1879
16 Länder, 9 britische Kolonien
1.117.536 Besucher

26. **Ausstellungspalast**

Melbourne 1880/81
„International Exhibition of Arts, Manufactures and Agricultural and Industrial Products of all Nations"
1. Oktober 1880 – 30. April 1881
12.791 Aussteller aus 18 Ländern (davon 8 inoffiziell) und 14 britischen Kolonien
1.458.896 Besucher

27. **Ausstellungspalast**

Kalkutta 1883/84
„Calcutta International Exhibition"
4. Dezember 1883 – 10. März 1884
11 Länder
1.100.000 Besucher

New Orleans 1884/85
„The World's Industrial and Cotton Centennial Exposition"
16. Dezember 1884 – 1. Juni 1885
29 Länder
1.158.840 Besucher

Boston 1883/84
„The American Exhibition of Products, Arts and Manufactures of Foreign Nations"
3. September 1883 – 12. Januar 1884
40 Länder
300.000 Besucher

Antwerpen 1885
„Wereldtentoonstelling van Antwerpen, Exposition universelle d'Anvers"
2. Mai – 2. November
14.472 Aussteller
3.500.000 Besucher

28. **Ausstellungspalast**

Edinburgh 1886
„International Exhibition of Industry, Science, and Art"
6. Mai – 30. Oktober
2.770.000 Besucher

Adelaide 1887/88
„Jubilee International Exhibition"
21. Juni – 7. Januar 1888
767.000 Besucher

Barcelona 1888
„Exposición universal de Barcelona"
8. April – 10. Dezember
12.900 Aussteller aus 27 Ländern
2.000.000 bis 2.300.000 Besucher

Glasgow 1888
„Glasgow International Exhibition"
8. Mai – 10. November
5.748.000 Besucher

Melbourne 1888/89
„Centennial International Exhibition"
1. August 1888 – 31. Januar 1889
2.000.000 Besucher

Paris 1889
„Exposition universelle de 1889"
5. Mai – 31. Oktober
61.722 Aussteller aus 54 Ländern (davon 19 inoffiziell) und 17 französischen Kolonien
32.250.297 Besucher

29. **Plakat der Weltausstellung**

Dunedin 1889/90
„New Zealand and South Seas Exhibition"
26. November 1889 – 19. April 1890
625.248 Besucher

Kingston 1891
„Jamaica International Exhibition"
27. Januar – 2. Mai
303.000 Besucher

Chicago 1893
„World's Columbian Exposition"
1. Mai – 3. Oktober
27.500.000 Besucher
70.000 Aussteller aus 45 Ländern
27.500.000 Besucher

30. **Ansicht des Ausstellungsgeländes**

San Francisco 1894
„California Midwinter International Exposition"
27. Januar – 30. Juni
1.355.889 Besucher

31. **Ausstellungsgelände**

Antwerpen 1894
„Exposition internationale d'Anvers"
2. Mai – 2. November
12.095 Aussteller aus 26 Ländern
5.000.000 Besucher

32. **Ausstellungsplakat**

Brüssel 1897
„Exposition internationale de Bruxelles"
10. Mai – 8. November
10.668 Aussteller aus 28 Ländern
6.000.000 Besucher

33. **Palais du Cinquantaire**

Nashville 1897
„Tennessee Centennial and
International Exposition"
1. Mai – 31. November
16 Länder
1.200.000 Besucher

Paris 1900
*„Exposition universelle et
internationale de Paris"
15. April – 12. November
50.860.801 Besucher
83.047 Aussteller aus 40 Ländern
und 21 französischen Kolonien
50.860.801 Besucher*

34. **Ausstellungsplakat**

Buffalo 1901
„Pan-American Exposition"
1. Mai – 2. November
8.304.073 Besucher

35. **Ansicht des Vergnügungsareals**

Glasgow 1901
„Glasgow International Exhibition"
2. Mai – 9. November
11.500.000 Besucher

36. **Gesamtansicht**

Saint Louis 1904
„Louisiana Purchase International Exposition"
30. April – 1. Dezember
15.009 US-amerikanische Aussteller,
60 Länder, 43 US Bundesstaaten
19.694.855 Besucher

37. **Festival-Hall**

Lüttich 1905
„Exposition universelle et internationale de Liège"
27. April – 6. November
13.000.000 bis 17.000.000 Aussteller aus 35 Ländern (davon 2 inoffiziell)
7.000.000 Besucher

38. **Ausstellungspalast**

Mailand 1906
„Esposizione internazionale del Sempione"
28. April – 11. November
27.000 Aussteller aus 51 Ländern (davon 20 inoffiziell)
7.500.000 bis 10.000.000 Besucher

39. **Ausstellungsplakat**

Christchurch 1906/07
„The New Zealand International Exhibition of Arts and Industries"
1. November 1906 – 15. April 1907
2.000.000 Besucher

Dublin 1907
„Irish International Exhibition"
4. Mai – 9. November
14 Länder
2.750.000 Besucher

Brüssel 1910
„Exposition universelle et internationale de Bruxelles"
23. April – 7. November
29.000 Aussteller aus 27 Ländern (davon 5 inoffiziell)
13.000.000 Besucher

40. **Weltausstellungs-Diplom**

Gent 1913
„Wereldtentoonstelling Gent/Exposition universelle et industrielle de Gand"
26. April – 3. November
18.932 Aussteller aus 26 Ländern
(davon 2 inoffiziell)
ca. 11.000.000 Besucher

41. **Maschinenhalle**

San Francisco 1915
„Panama-Pacific International Exposition" 20. Februar – 4. Dezember
30.000 Aussteller aus 32 Ländern
(davon 3 inoffiziell)
sowie 32 US-Bundesstaaten
18.876.438 Besucher

42. **Palace of Fine Arts**

San Diego 1915/16
„Panama-California Exposition"
1. Januar 1915 – 31. Dezember 1916
3.747.916 Besucher

43. **Botanisches Gebäude**

Rio de Janeiro 1922/23
„Exposiçao international do Centenario do Brasil"
7. September 1922 – 31. Juli 1923
3.626.402 Besucher

44. **Ansicht des Geländes**

Philadelphia 1926
„Sesqui-Centennial International Exposition"
31. Mai – 30. November
5.852.783 Besucher

45. **Plakat der Independance Hall**

Barcelona 1929/30
„Exposición Internacional de Barcelona"
20. Mai 1929 – 15. Januar 1930
12.900 Aussteller aus 14 Ländern
(offizielle Beteiligung)

46. **Ansicht des Geländes**

Antwerpen 1930
„Exposition internationale coloniale, maritime et d'art flammand"
26. April – 4. November
ca. 11.000.000 Besucher

47. **Weltausstellungs-Diplom**

Lüttich 1930
„Exposition internationale de la grande industrie, sciences et applications, art wallon ancien"

48. **Ausstellungsplakat**

Chicago 1933/34
„A Century of Progress International Exposition"
1. Mai – 12. November 1933,
1. Juni – 31. Oktober 1934
22 Länder (davon 6 inoffiziell)
38.872.000 Besucher

49. **Ausstellungsgelände**

Brüssel 1935
„Exposition universelle et internationale de Bruxelles"
27. April – 6. November
8.930 Aussteller aus 32 Ländern
(davon 5 inoffiziell)
26.000.000 Besucher

50. **Ausstellungsgelände**

San Diego 1935/36
„California Pacific International Exposition"
29. Mai – 11. November 1935,
12. Februar – 9. September 1936
6.752.811 Besucher

51. **Science Building**

Paris 1937
„Exposition Internationale des Arts et Techniques dans la Vie moderne"
25. Mai – 25. November
11.000 Aussteller aus 48 Ländern
(davon 2 inoffiziell)
ca. 34.000.000 Besucher

52. **Ausstellungsplakat**

San Francisco 1939/40
„Golden Gate International Exposition"
18. Februar – 20. Oktober 1939,
25. Mai – 29. September 1940
17.041.999 Besucher

53. **Court of the Moon**

New York 1939/40
„New York World's Fair"
30. April - 31. Oktober 1939,
11. Mai - 27. Oktober 1940
ca. 1.500 Aussteller aus 55 Ländern
(5 zogen nach Ausbruch des Zweiten Weltkrieges zurück)
44.955.997 Besucher

54. **Ausstellungsplakat**

Port-au-Prince 1949/50
„Exposition internationale du bicentenaire de Port-au-Prince"
8. Dezember 1949 – 8. Juni 1950
250.000 Besucher

Brüssel 1958
„Exposition universelle et internationale de Bruxelles/Wereldtentoonstelling Brussel 1958"
17. April – 19. Oktober
48 Staaten, 7 internationale Organisationen
41.454.412 Besucher

55. **Ausstellungsplakat**

Seattle 1962
„Century 21 Exposition"
21. April – 21. Oktober
50 Staaten,
4 internationale Organisationen,
152 US-amerikanische Unternehmen
9.609.969 Besucher

56. **Ausstellungsgelände**

New York 1964/65
„New York World's Fair"
22. April – 18. Oktober 1964,
21. April – 17. Oktober 1965
ca. 80 teilnehmende Länder,
zahlreiche private Beiträge
51.607.037 Besucher

57. **Ausstellungsgelände**

Montreal 1967
„Exposition universelle
et internationale
Montréal 1967,
Universal and International
Exhibition Expo '67"
28. April – 27. Oktober
60.845 Aussteller, 62 Länder,
3 US-amerikanische
Bundesstaaten
50.306.648 Besucher

58. **Ausstellungsgelände**

San Antonio 1968
„Hemisfair '68"
6. April – 6. Oktober
32 Länder
6.384.000 Besucher

59. **Ausstellungsgelände**

Osaka 1970
„Nippon Bankoku Hakurankai, Expo '70"
15. März – 13. September 1970
64.218.770 Besucher
1.040 Aussteller aus 77 Ländern,
4 internationale Organisationen
64.218.770 Besucher

60. **Ausstellungsgelände**

Spokane 1974
„Expo '74: The International Exposition on the Environment"
4. Mai – 3. November
5.600.000 Besucher

61. **Logo**

Okinawa 1975/76
„International Ocean Exposition, Expo '75"
17. Juni 1975 – 18. Januar 1976
3.480.000 Besucher

Knoxsville 1982
„Knoxsville International Energy Exposition"
1. Mai – 31. Oktober
22 Länder
11.127.786 Besucher

62. **Logo**

New Orleans 1984
„Louisiana World Exposition"
12. Mai – 11. November
24 Länder
7.300.000 Besucher

63. **Ansicht**

Tsukuba 1985
„Expo '85"
17. März - 16. September
47 Länder
2.000.000 Besucher

64. **Ausstellungsgelände**

Vancouver 1986
„Expo '86: The World Exposition"
2. Mai – 13. Oktober
22.000.000 Besucher

65. **Ausstellungsgelände**

Brisbane 1988
„World Expo '88"
30. April – 30. Oktober
112 Länder
15.760.447 Besucher

Sevilla 1992
„Exposicion universal de Sevilla, Expo '92"
20. April – 12. Oktober
110 Länder, 23 internationale Organisationen, 17 autonome Regionen Spaniens, 6 internationale Unternehmen
46.000.000 Besucher

66. **Ausstellungsplakat**

Taejon 1993
„Taejon Expo '93"
7. August – 7. November
14.000.000 Besucher
108 Länder, 33 internationale Organisationen
14.000.000 Besucher

67. **Symbol Tower**

Lissabon 1998
„Expo '98"
22. Mai – 30. Oktober
143 Länder, 14 internationale Organisationen
ca. 10.000.000 Besucher

68. **Pavillon der Ozeane**

Hannover 2000
„EXPO 2000"
1. Juni – 31. Oktober
156 Nationen, 17 internationale Organisationen, 26 Produkt- und Weltpartner
erwartete Besucher: 40.000.000

69. **Logo**

1. Eiffelturm, Paris 1889

WAHRZEICHEN

Es sind in erster Linie architektonische Zeugnisse, mit denen die veranstaltenden Städte ihren Weltausstellungen ein unverwechselbares Gesicht verleihen wollten. Die repräsentativen und zum Teil auch innovativen Bauten gingen nicht selten in die Architekturgeschichte ein. Sie bestimmten – wenngleich zumeist nach dem Ende der Veranstaltungen wieder abgerissen – maßgeblich die Ausstellungen und prägten ihr Bild für die Nachwelt.

In den ersten Jahrzehnten waren es die riesigen universalen Ausstellungspaläste, die als Wahrzeichen fungierten. Als im Verlauf der Zeit die auszustellenden Gegenstände nicht mehr in einem Gebäude Platz fanden, übernahmen spezielle Bauwerke die Funktion als ‚Markenzeichen' der betreffenden Exposition. Oft wurden aus diesem Grund auch betont zeichenhafte Architekturen errichtet.

Erst bei den letzten Weltausstellungen des 20. Jahrhunderts verzichtete man auf ein singuläres Bauwerk als visuelles Aushängeschild.

2. **Kristallpalast, London 1851**

3. **Westansicht des Kristallpalastes**

Das gigantische Ausstellungsgebäude der ersten Weltausstellung in London mit einer Länge von 560 m, bis zu 150 m Breite und 30 m Höhe wurde in der auch heute kaum für möglich gehaltenen Bauzeit von nur vier Monaten im Hyde Park erstellt. Sein Erbauer war der Landschaftsgärtner und Konstrukteur von Gewächshäusern Joseph Paxton. Die gewaltigen Ausmaße und die bis dahin nicht gekannte Transparenz des Gebäudes beeindruckte das Publikum zutiefst, was in der zeitgenössischen Bezeichnung „Kristallpalast" seinen Ausdruck fand: „Es ist nüchterene Oekonomie der Sprache, wenn ich den Bau unvergleichlich feenhaft nenne. Es ist ein Stück Sommernachtstraum in der Mittagssonne"[1], äußerte sich der deutsche Journalist Lothar Bucher überwältigt.

1 Lothar Bucher: Kulturhistorische Skizzen aus der Industrieausstellung aller Völker. Frankfurt a. M. 1851, S. 11.

4. Der Kristallpalast während seiner Errichtung

5. Blick in das Querschiff nach Norden

Das standardisierte Konstruktionsprinzip aus vorgefertigten Eisenelementen und Glas sowie seine die Form bestimmende Funktion machten den Kristallpalast zu einer Ikone modernen Architekturverständnisses. Nach dem Ende der „Great Exhibition" wurde das Gebäude abgebaut und anschließend leicht verändert nach Sydenham bei London transloziert, wo es 1936 einem Brand zum Opfer fiel.

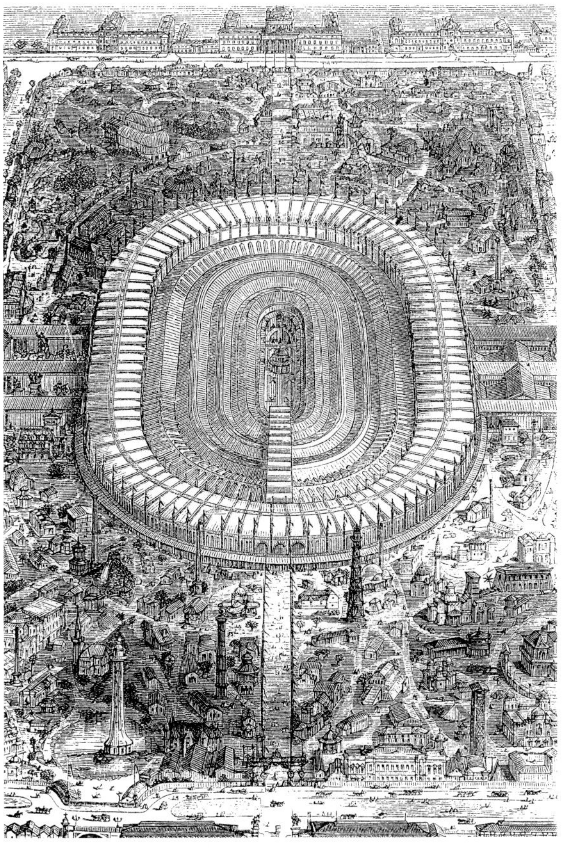

6, 7. Ausstellungspalast Paris 1867

Ähnlich zukunftsweisend wie der Kristallpalast von 1851 präsentierte sich das Ausstellungsgebäude in Paris 1867. Das Konzept stammte von dem Generalsekretär der Ausstellung, Frédéric Le Play, und wurde durch den Ingenieur Jean-Baptiste Kranz umgesetzt. Der ovale Baukörper aus einer Stahlskelett-Konstruktion auf neuartigem Beton-Fundament mit 150.000 qm Ausstellungsfläche bestand aus sieben Galerien, die jeweils einen Themenbereich, etwa Maschinenwesen oder Kunstgewerbe, aufnahm. So konnte das Publikum, indem es die verschiedenen Abteilungen abschritt, die Beiträge der verschiedenen Nationen miteinander vergleichen und zugleich symbolisch die Welt umrunden.
16 Radialgänge teilten das Oval zusätzlich in Sektoren auf, um so den Überblick über sämtliche Exponate eines jeden Landes zu ermöglichen. Dieser Versuch einer „lebendigen Statistik"[2] erwies sich jedoch aufgrund der unterschiedlichen Ausstellungskapazitäten der teilnehmenden Länder – Frankreich etwa stellte allein 30 % aller Aussteller – als wenig praktikabel; man war daher gewungen, auf dem Marsfeld zusätzliche Gebäude zu errichten.

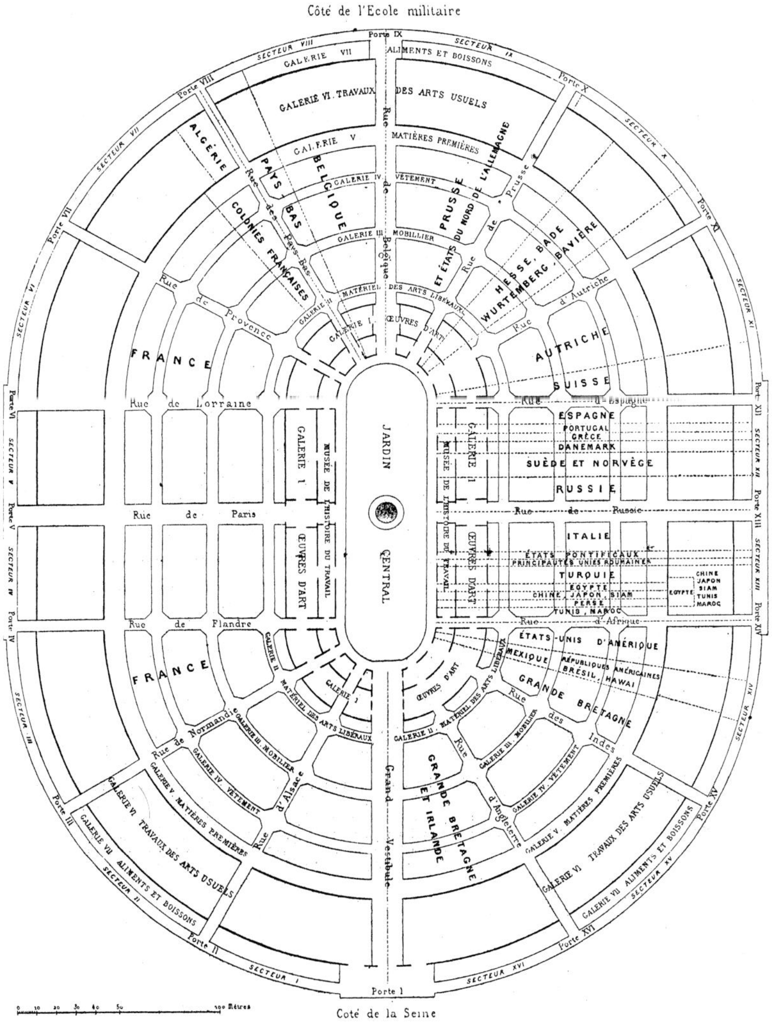

Sigfried Giedeon: Bauen in Frankreich. Eisen. Eisenbeton. Leipzig/Berlin 1928, S. 41.

8. **Rotunde des Industriepalasts, Wien 1873**

Schon nach wenigen Jahrzehnten war die Masse an ausgestellten Waren beinahe unüberschaubar angeschwollen; der nahezu einen Kilometer lange Industriepalast der Wiener Weltausstellung von 1873 ist ein eindrucksvolles Zeugnis dieser Entwicklung. Bekrönt wurde das Gebäude von einer Rotunde mit 104 m Durchmesser und 85 m Höhe, vom Volksmund liebevoll-despektierlich als „Guglhupfl" bezeichnet. Die bis dahin größte Konstruktion ihrer Art – sie stellte den Petersdom in Rom weit in den Schatten – wurde zum Wahrzeichen der Ausstellung.

9. **Trocadéro-Palast, Paris 1878**

Das repräsentative Palais du Trocadéro mit seiner charakteristischen zentralen Kuppel und den geschwungenen Seitenflügeln nahm unter anderem einen Konzertsaal und Räumlichkeiten für Konferenzen auf; technische Besonderheiten waren die Beleuchtung durch 4.000 elektrische Lampen, ein hydraulischer Aufzug sowie eine Luftkühlungsanlage. Im Unterschied zum zentralen Ausstellungspalast, dem Palais de l'Industrie mit seiner Fläche von 346 x 705 m, blieb das Trocadéro nach dem Ende der Ausstellung als Veranstaltungs- und Museumsbau erhalten. Es wurde erst anlässlich der Weltausstellung 1937 abgerissen und durch ein neues Gebäude ersetzt.

10. **Eingangsportal des Hauptgebäudes, Antwerpen 1885**

Mittelpunkt des von dem Hofarchitekten Gédéon Bordiau entworfenen Hauptgebäudes war das monumentale, von zwei obeliskenartigen Türmen flankierte Eingangsportal. Die mit Marmorimitat verkleidete Stahlskelettkonstruktion präsentierte sich als die Mischung aus einem römischen Triumphbogen und der Rekonstruktion des Mausoleums von Halikarnass; den oberen Abschluss markierte in 68 m Höhe ein Globus, der von 12 Atlanten getragen wurde.

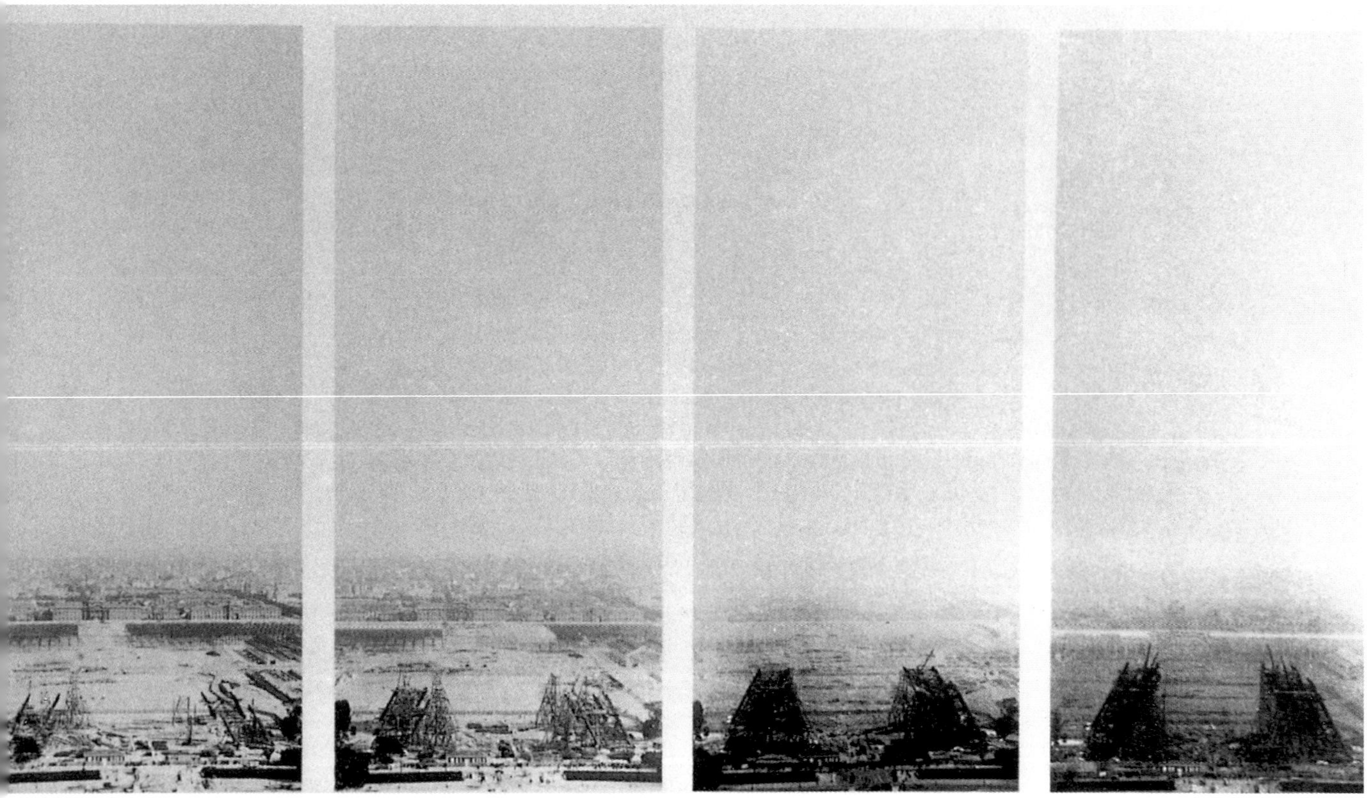

11–14. **Eiffelturm, Paris 1889**

Der Eiffelturm ist die Ikone der Weltausstellungen schlechthin. Gustave Eiffel, ein Brückenbauingenieur, errichtete mit einem großen Stab an Mitarbeitern in weniger als zwei Jahren dieses gigantische Bauwerk mit seiner bis dahin nicht gekannten Höhe von 300 Metern – es wurde erst 1930 vom New Yorker Chrysler-Building übertroffen.
Die funktionale Konstruktion und die innovative Fertigungstechnik – so wurden vorfabrizierte Bauteile und Spezialkräne für die Montage der Stahlträger eingesetzt – machten den Eiffelturm zum grandiosen Aushängeschild des technischen Zeitalters.

Dennoch war der Eiffelturm – wie so viele Großprojekte von Weltausstellungen – zu seiner Entstehungszeit höchst umstritten. Von dem Schriftsteller Guy de Maupassant erzählt man die Anekdote, daß er täglich im Turmrestaurant hoch oben zu Mittag aß, da dies der einzige Platz in Paris war, an dem er das „Monstrum" nicht anzusehen brauchte. Maupassant gehörte denn auch zu der Gruppe einflußreicher Künstler, die sich in einer Petition an den Generaldirektor der Ausstellung vehement gegen die Errichtung des Turmes wandten:

15. **Detail des Eiffelturmes**

„Wir Schriftsteller, Maler, Bildhauer Architekten und leidenschaftliche Liebhaber der bisher unangetasteten Schönheit von Paris protestieren im Namen des verkannten französischen Geschmacks mit aller Kraft gegen die Errichtung des unnötigen und ungeheuerlichen Eiffelturms im Herzen unserer Stadt, den die oft vom gesunden Menschenverstand und Gerechtigkeitsgefühl inspirierte Spottlust der Volksseele schon den Turm von Babel getauft hat. Wird die Stadt Paris sich wirklich den überspannten, dem geschäftstüchtigen Phantastereien eines Konstrukteurs anschließen, um sich für immer zu schänden und zu entehren? Denn zweifelt nicht daran, der Eiffelturm (...) ist eine Schande für Paris. Um zu begreifen, was wir kommen sehen, muß man sich einen Augenblick einen schwindelerregenden, lächerlichen Turm vorstellen, der wie ein riesiger, düsterer Fabrikschlot Paris überragt, muß sich vorstellen, wie alle unsere Monumente gedemütigt, alle unsere Bauten verkleinert werden, bis sie in diesem Alptraum verschwinden. (...) Und wenn unser Warnruf nicht vernommen wird, wenn unseren Vorstellungen kein Gehör geschenkt wird, wenn Paris darauf besteht, Paris zu entehren, dann haben wenigstens (...) wir einen ehrenvollen Protest laut werden lassen."[3] Verhindern konnten die Unterzeichner, darunter der Schriftsteller Emile Zola, der Komponist Charles Gounod und der Architekt Charles Garnier, das Bauwerk bekanntlich nicht – Gott sei Dank, möchte man aus heutiger Sicht meinen, denn was wäre Paris ohne den Eiffelturm?

3 Petition an den Generaldirektor der Pariser Weltausstellung, Adolphe Alphand, abgedruckt in „Le Temps", 14. Februar 1887; zit. n. Leonardo Benevolo: Geschichte der Architektur des 19. und 20. Jahrhunderts. München [2]1982, Bd. 1, S. 165f.

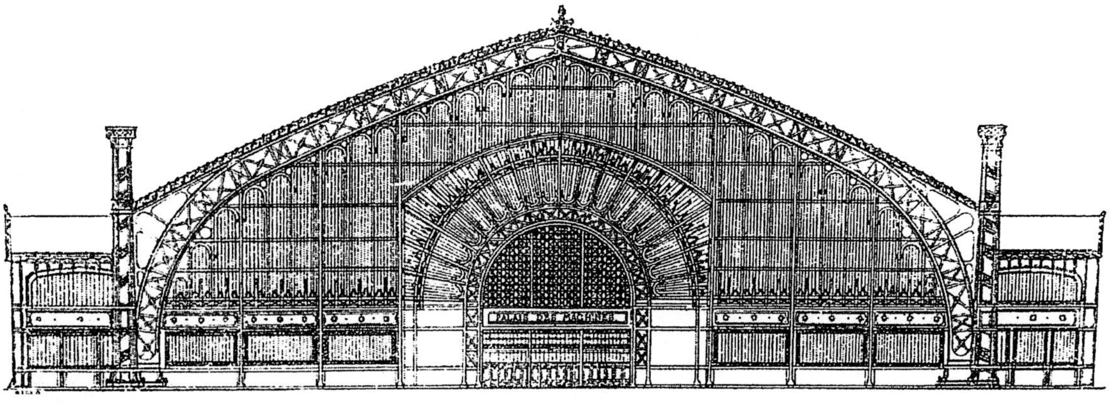

16. **Galerie des Machines, Paris 1889**

Die von dem Architekten Ferdinand Dutert und dem Ingenieur Victor Contamin entworfene Maschinenhalle war ein weiteres Signet dieser Weltausstellung. Der 115 x 420 m große Innenraum wurde von mächtigen eisernen Dreigelenkbögen getragen:

17. **Konstruktionsdetail**

„Solange dieser leer war, verlieh ihm die Bauart – Eisen und Glas – eine solche Leichtigkeit, (...) daß ein Dichter ausrief: ‚Schade, daß man ihn verschandeln wird, indem man Maschinen hineinstellt!'"[4], berichtete ein Zeitgenosse. Die Baukosten beliefen sich wie die des Eiffelturms auf 8 Millionen Francs. Das Meisterwerk moderner Ingenieurbaukunst wurde 1910 abgerissen.

4 Folcetto, in: Parigi e l'Esposizione universale del 1889. Mailand 1889, S. 22; zit. n. Leonardo Benevolo (wie Anm. 3), S. 161.

18. „Court of Honour", Chicago 1893

Mit der „World's Columbian Exposition" in Chicago 1893 unterstrich die USA eindrucksvoll ihren Anspruch als politische und wirtschaftliche Weltmacht. Architektonisches Sinnbild hierfür war die prunkvolle „White City", die malerische Gruppierung der offiziellen Gebäude in neoklassizistischen Stilformen um mehrere künstliche Seen. Das zentrale Wasserbassin wurde durch den „Court of Honour" eingefasst, dessen westlichen Abschluss das repräsentative Kuppelgebäude des Verwaltungsgebäudes markierte.

19. „Statue der Republik"

Sein östliches Pendant bildete die auf einem mächtigen Sockel im Wasser stehene Kolossalstatue der „Republik". Sie befindet sich heute in einem Park am Rande des ehemaligen Ausstellungsgeländes im Süden der Stadt.

20. **Grand Palais, Paris 1900**

Die beiden Kunstausstellungspaläste Petit und Grand Palais von Charles Girault bildeten zusammen mit der Pont Alexandre III. das zentrale architektonische Ensemble der Ausstellung; alle drei Bauwerke waren für eine längerfristige Nutzung geplant und haben sich – im Gegensatz zu so vielen spektakulärern Bauten von Weltausstellungen – bis heute erhalten. Die Fassaden der Palais orientieren sich an Formen französischer Barockarchitektur des 17. und 18. Jahrhunderts; das Innere der Ausstellungshallen ist jedoch – in demonstrativem Kontrast zur vorgeblendeten historistischen Außengestaltung – eine Eisenskelettkonstruktion mit Jugendstildetails, überwölbt durch transparente Eisen-Glasdächer.

21. **Festival Hall, St. Louis 1904**

Den Mittelpunkt des Areals, mit 515 ha das bislang größte einer Weltausstellung, bildete eine durch ein Wasserbassin begrenzte Achse, um welche sich die Gebäude der wichtigsten Ausstellungsbereiche gruppierten. Bekrönt wurde das Ensemble durch die auf dem Arts Hill gelegene Festival Hall. Der Architekt Cass Gilbert entwarf einen durch Säulen gegliederten Rundbau in neobarock-klassizistischen Formen. Vor dem Hauptportal des durch eine mächtige Kuppel überwölbten Gebäudes inszenierte man eine aufwändige, bei Nacht spektakulär beleuchtete Kaskadenarchitektur.

22. **„Tower of Jewels", San Francisco 1915**

Wahrzeichen und zugleich Eingangstor der „Panama-Pacific International Exposition" war der „Tower of Jewels" von Carrère und Hastings. Das 132 hohe Bauwerk war mit mehr als 100.000 verschiedenfarbigen „Juwelen" aus geschliffenem böhmischen Glas verziert. Der Turm wurde durch pulsierendes rotes Licht illuminiert, welches die Schlagader des amerikanischen Kontinents versinnbildlichen sollte.

23. **Nationalpalast, Barcelona 1929/30**

Das symmetrisch angelegte Ausstellungsgelände am Montjuïc wurde am Plaza d'España durch zwei Columbus gewidmete Türme im Stil des Campanile in Venedig flankiert. Von hier führte eine Prachtstraße direkt auf Terrassenanlagen zu, deren oberster Absatz und damit optischen Höhepunkt der Palau Nacional bildete. Das repräsentative Gebäude mit seinen architekonischen Anspielungen auf den Königspalast Escorial bei Madrid und die Giralda, Glockenturm der Kathedrale von Sevilla, wurde von Enrique Catà und Pedro Cendoya entworfen; heute beherbergt er das Museum für Katalanische Kunst.

24. **Siegestor, Antwerpen 1930**

Das einem römischen Triumphbogen nachempfundene Bauwerk von Joseph Smolderen wurde zu Ehren der Unabhängigkeit Belgiens errichtet. In den Bögen des aus Holz und Putz gefertigten Tores in Art-Deco-Formen befanden sich Reiterstatuen der ersten drei belgischen Könige.

25. **Sky Ride, Chicago 1933/34**

Nachdem der Ausbruch der Rezession den Bau eines gigantischen Turms als Kennzeichen dieser Ausstellung verhindert hatte, kam schließlich der Sky Ride zur Ausführung: Zwischen zwei 190 m hohen, in 600 m Abstand aufgestellten Stahlgerüsttürmen verkehrten an Stahltrossen aufgehängte, zweistöckige Gondeln. Die stromlinienförmigen „Rocket cars" beförderten das Publikum zwischen dem Festland und den Ausstellungsbereichen auf Northerly Island. Stündlich 4.000 Passagiere erreichten so die beiden Aussichtsplattformen in 70 m Höhe und genossen das Panorama von Chicago und der Weltausstellung.

26. **Grand Palais, Brüssel 1935**

Das lang gestreckte, von Joseph van Neck konzipierte Grand Palais war das größte Gebäude dieser Weltausstellung. Die Eingangsfront betonen vier vorspringende Pfeiler, die ihr einen stark vertikalen Akzent verleihen; die nahezu vollständig verglasten Längsseiten springen terrassenartig zurück. Das Gebäude zeichnet sich durch seine innovative Konstruktion aus: Der Innenraum wird durch eine sichtbare, parabelförmige Betonkonstruktion von 89 m Spannweite und 39 m Höhe überdeckt. Im Grand Palais fand eine Ausstellung zum Eisenbahnwesen statt.

27. **Palais de Chaillot, Paris 1937**

28. **Palais de Chaillot, Paris 1937**

Das monumentale, durch symmetrische, geschwungene Flügelbauten eingefaßte Ensemble wurde auf den Fundamenten des Trocadéro-Palastes von 1878 errichtet. Der in vergröbert-klassizistischen Formen entworfene Komplex der Architekten Carlu, Boileau und Azéma beinhaltete verschiedene Museen, Restaurants und ein Theater. Heute ist in dem Gebäude unter anderem das Musée de l'Homme untergebracht.

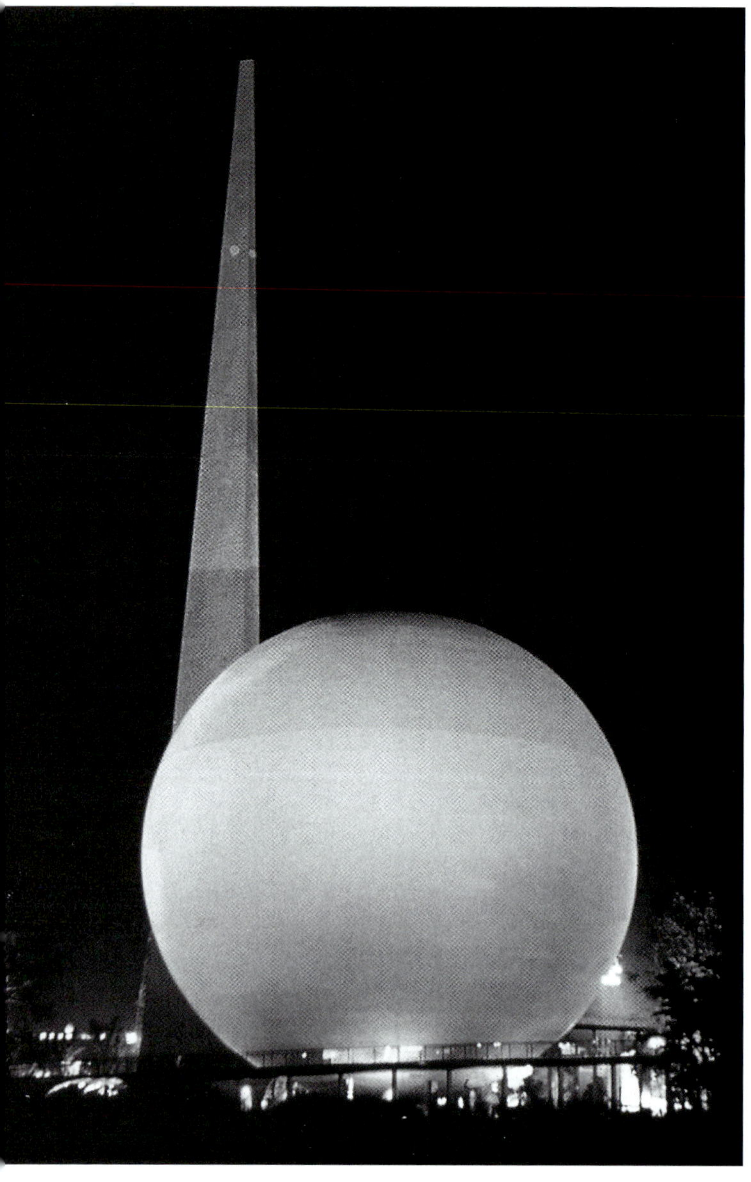

29. **„Trylon und Perisphere", New York 1939/40**

Das futuristische Gebilde bestand aus einem 213 m hohen dreiseitigen Pylon und einer Kugel mit einem Durchmesser von 65 m, vom Volksmund als „Ei und Reißnagel" bezeichnet. Im Inneren der leuchtend weißen Kugel, der „Perisphere", befand sich das Herzstück der Ausstellung: die Show „Democracity", eine multimediale Inszenierung der Stadt der Zukunft.

30. **Atomium, Brüssel 1958**

Wahrzeichen der ersten Weltausstellung nach dem Zweiten Weltkrieg war das von André Waterkeyn sowie André und Jean Polak entworfene Atomium. Die 102 m hohe Konstruktion mit ihren neun miteinander verbundenen Aluminiumkugeln von jeweils 18 m Durchmesser stellt die 150-milliardenfach vergrößerte Struktur eines Eisenmoleküls dar. Das Atomium wurde als „erdrückende Allegorie des Atomzeitalters" (Der Spiegel) interpretiert und war somit Appell für eine nach dem Trauma des Zweiten Weltkrieges in der Zukunft ausschließlich friedliche Nutzung der Kernenergie.

31. **Space Needle, Seattle 1962**

Die stadtbildprägende „Space Needle" von John Graham, ein Aussichtsturm von 180 m Höhe, war das Erkennungszeichen der „Century 21 Exposition". Auf der Plattform an seiner Spitze, welche die Gestalt einer fliegenden Untertasse hat, befindet sich ein Drehrestaurant.

32. **Unisphere, New York 1964/65**

Blickfang und zugleich Symbol der „New York World's Fair" von 1964/65 war der Unisphere. Die mächtige Stahlkonstruktion besaß die Form der Weltkugel, auf der Reliefs der Kontinente angebracht waren. Die drei umlaufenden Ringe stellten Orbitalbahnen von Satelliten dar. Die Unisphere wurde an der Stelle der „Perisphere" der Weltausstellung von 1939 errichtet.

33. **Themenpavillon, Osaka 1970**

Das Herzstück der „Expo '70" in Osaka war der sogenannte Themenpavillon von Kenzo Tange mit der „Festival-Plaza" und der „Symbol-Zone". Er sollte das Motto dieser Weltausstellung – „Fortschritt und Harmonie für die Menschheit" – symbolisieren. Charakteristisch war die riesige, transparente Dachkonstruktion und die 70 m hohe, von Taro Okamoto geschaffene Skulptur „Sonnenturm", welche die angestrebte Zusammenführung von Zivilisation und Technik in eine visionäre architektonische Form kleideten.

1. Russischer Pavillon, Paris 1900

DIE NATIONENPAVILLONS
‚ARCHITEKTONISCHE BOTSCHAFTER'

Die ursprüngliche Aufgabe der Weltausstellungsarchitektur bestand darin, einen einheitlichen Rahmen für die Präsentation aller ausgestellten Gegenstände zu schaffen. So sollte auch architektonisch die vom Initiator der ersten Weltausstellung 1851 in London, Prinz Albert von Sachsen-Coburg, angestrebte „Darstellung der Einheit der Menschheit"[1] versinnbildlicht werden. Auf den frühen Weltausstellungen war deshalb die Völkerfamilie noch unter dem gemeinsamen Dach eines universalen Ausstellungspalastes vereint. Die sprunghafte Zunahme der präsentierten Exponate machte jedoch schon bald die Errichtung mehrerer Ausstellungsgebäude für verschiedene Warengruppen notwendig. In Philadelphia 1876 kam erstmals das ‚Pavillon-System' zur Anwendung, bei dem man die diversen Abteilungen in verschiedenen Spezialbauten unterbrachte. Aber nicht nur die Veranstalterländer setzten sich mit spektakulären Bauten in Szene; auch die teilnehmenden Staaten nutzten das internationale Forum der Weltausstellungen schon im Verlauf des 19. Jahrhunderts als Medium politischer und kultureller Selbstdarstellung mittels Architektur.

Den Beginn dieser Entwicklung markierte die Pariser Ausstellung von 1867. Die französische Ausstellungskommisssion appellierte dort an alle teilnehmenden Länder, auf dem den zentralen Ausstellungspalast umgebenden Marsfeld landestypische Bauten zu errichten: „Jede Nation (...) soll durch irgendein Gebäude (...) vertreten sein, und zwar durch ein solches, welches in möglichst deutlicher und zugleich interessanter Weise die Eigenthümlichkeiten des betreffenden Volkes in Bezug auf seine Sitten und Gebräuche wie auf seine ganze Lebensweise veranschaulicht."[2]

1 Zit. n. Wolfgang Schütte: Die Idee der Weltausstellung und ihre bauliche Gestaltung. Eine gebäudekundliche Studie als Material zu einer Baugeschichte des 19. Jahrhunderts. Diss. Hannover 1945, S. 64.
2 Bericht von der Central-Commission an den Kaiser vom November 1865; zit. n. A. Ebeling: Die Wunder der Pariser Welt-Ausstellung von 1867. Köln 1867, S. 114.

2. Bauten auf dem Marsfeld, Paris 1867

Der offizielle Geburtsort der Baugattung ‚Nationenpavillon' war die „Centennial Exhibition" in Philadelphia 1876. Auf dem weitläufigen Ausstellungsgelände hatte man neben Bauten der US-Bundesstaaten auch einige Nationenpavillons ausländischer Länder aufgebaut, die Verwaltungs- und Repräsentationsaufgaben übernahmen.
Auf der folgenden „Exposition universelle" in Paris 1878 rückte die Präsentation nationaler Architekturformen erstmals ins Zentrum der Ausstellungsplanung.

3. „Rue des Nations" Paris 1878

Im westlichen Innenhof des Industriepalastes erhielt jedes Teilnehmerland – quasi als architektonische Visitenkarte – die Gelegenheit, den Eingang zur jeweiligen Abteilung durch die Vorblendung charakteristischer Architekturformen, durch „irgend ein bedeutendes Baudenkmal des Landes oder den nationalen Baustyl des Volkes (...) in freier architektonischer Nachbildung"[3] individuell zu gestalten. Die Architektur wurde also selbst zum Exponat, mit dem die Länder ihr kulturelles Selbstverständnis und ihre nationale Identität demonstrieren konnten.
Seitdem haben sich Pavillons als architektonische ‚Botschafter der Nation' auf den Weltausstellungen etabliert, ja sie sind sogar zu deren unverzichtbarem Bestandteil geworden.

3 Die Pariser Weltausstellung 1878. Illustrirte von der Commission autorisirte deutsche Ausgabe Nr. 58, S. 435.

4. „Russisches Dorf", Paris 1867

Russland präsentierte sich auf dem „Parc étranger" durch ein „Dorf", bestehend aus einem Zollhäuschen, einem Stallgebäude, zwei Zelten russischer Nomadenvölker sowie zwei Bauernhäusern. Die idealisierte Darstellung sorgte jedoch für Kritik; man bezweifelte die Authentizität der herausgeputzten Bauernhäuser und bezeichnete sie als „joli joujou"[4]: Wenn dies tatsächlich die Behausungen der russischen Landbevölkerung wären, würde auch der reichste Pariser Bürger mit Freude seine Wohnung dagegen eintauschen, meinte der Berichterstatter des „Le Correspondant" provokativ. Gleichwohl spielte das ländliche Ensemble für die Demonstration nationaler Identität des Zarenreichs auf dieser Weltausstellung eine zentrale Rolle.

5. Gebäude der Regierung Großbritanniens, Philadelphia 1876

England stellte in Philadelphia nach den USA den größten Beitrag, was sich auch in seinem repräsentativen Nationenpavillon äußerte. Er war im Stil englischer Cottages aus dem 16. Jahrhundert gehalten: „Die Mauern sind aus Lattenwerk mit grobem Mörtel beworfen, der Unterbau aus Ziegeln und Bausteinen; die Fenster bestehen aus kleinen, in Blei eingelassenen Scheiben. Gewürfeltes Tafelwerk und schöne Tapeten schmücken die Wände und Decken, die Möbel sind zu dem alterthümlichen Baustil gewählt."[5]

4 Victor Fournel: Voyage à travers l'Exposition universelle. Notes d'un touriste. In: Le Correspondant 1867, S. 978.
5 Die Weltausstellung in Philadelphia. In: Illustrirte Zeitung, 6. Mai 1876, S. 348f.

6. Die „Rue des Nations", Paris 1878; Ausschnitt der Fassadenabwicklung

Die „Rue des Nations" war mit ihrer fantasievollen Architektur ein Publikumsmagnet der Weltausstellung. Ihre dicht an dicht gedrängten Fassaden fanden freilich unter den Zeitgenossen keinen ungeteilten Beifall: Ein französischer Journalist verglich die Nationenstraße mit einem schwer verdaulichen internationalen Menü, bei dem auf einem einzigen Teller ein englischer Plum-Pudding zwischen einem Häufchen russischem Kaviar und einem Löffelchen chinesischer Schwalbennestersuppe serviert werden würde.

7. Der Beitrag Norwegens und Schwedens in der „Rue des Nations" 1878

Im Unterschied etwa zu Griechenland, das sich in der Tradition der klassischen Antike darstellte, oder Spanien, dessen Beitrag Motive der Alhambra in Granada variierte, zeigte sich das Gebäude von Norwegen und Schweden in betont ländlichen Formen. Dies kam nicht von ungefähr: Die beiden bis 1905 unter der schwedischen Krone vereinten Länder waren vorwiegend agrarisch strukturiert. Diesem Umstand wurde durch den gemeinsamen Pavillon Rechnung getragen; zugleich demonstrierten die beiden Länder durch die individualisierten Fassaden – links Schweden, rechts Norwegen – ihre eigenständige nationale Identität.

8. **Die Fassade Österreich-Ungarns in der „Rue des Nations“ 1878**

Das Gebäude bestand aus einer mit Sgrafitto verzierten Arkadenhalle in Renaissanceformen, die von Eckrisaliten eingefasst war. In den Zwickeln hatte man Tafeln berühmter Persönlichkeiten des Habsburgerreiches angebracht, im Zentrum der Halle befand sich eine Statue des Kaisers Franz Joseph. Das Figurenprogramm verwies auf die politische Macht und kulturelle Tradition der k.u.k. Monarchie mit ihren Zentren Wien und Budapest.

9. **Pavillon von Argentinien, Paris 1889**

Die Abwesenheit der meisten westlichen Nationen bot außereuropäischen Staaten die willkommene Gelegenheit, sich auf dem internationalen Parkett Weltausstellung durch aufwändige Pavillons herauszustellen. Die traf besonders für südamerikanische Länder zu. Ein Beispiel hierfür ist Argentinien: Die 1810 unabhängig gewordene und schließlich seit 1862 vereinte Republik präsentierte sich 1889 in Paris durch einen pompösen, kuppelüberwölbten Bau in historistischen Formen.

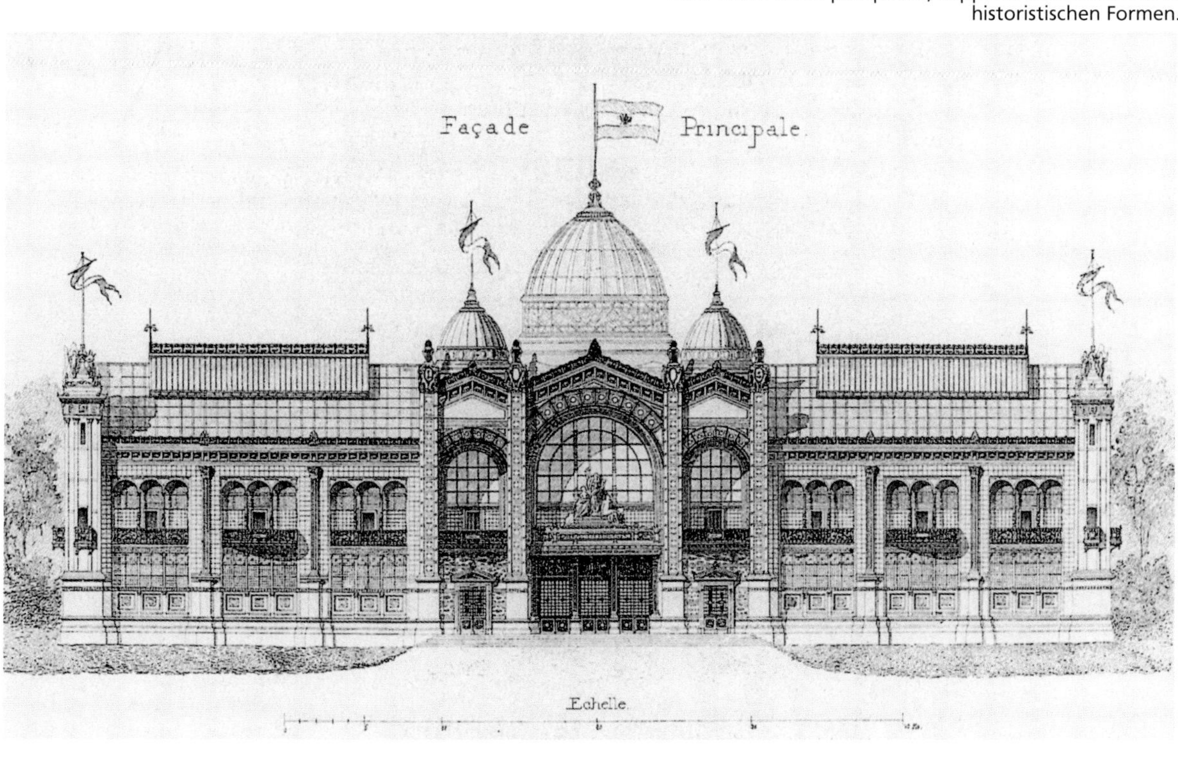

10. **Pavillon Schwedens, Chicago 1893**

In Chicago wurden – neben Beiträgen der US-amerikanischen Staaaten – 18 ausländische Nationenpavillons errichtet. Das schwedische Gebäude zeigte sich „entschieden nationalistisch“[6]. Der imposante Kuppelbau mit einer Mixtur aus Kirchenmotiven und Herrenhäusern des 16. und 17. Jahrhunderts wurde in Schweden konstruiert, nach Chicago verschifft und auf dem Ausstellungsgelände von einheimischen Fachkräften aufgebaut. Auch sein Inneres war geprägt vom „nationalen Eindruck“[7]. So waren vor einem Panoramagemälde Inszenierungen ländlicher Volkskultur zu sehen, die das offizielle Bild Schwedens repräsentieren sollten.

11. **Die „Rue des Nations“, Paris 1900**

Wie schon 1878 war auch 1900 in Paris eine „Straße der Nationen“ zu besichtigen. Deren Gebäude, Paradebeispiele des Historismus, zeichneten sich ebenfalls durch größtmögliche Individualität aus: Hierzu wurden aus dem „Fundus eines nationalen ‚musée imaginaire‘[8] architektonische Vorbilder ausgewählt, z. T. modifiziert und frei miteinander kombiniert. Die meisten Pavillons waren wie auf einer Perlenschnur entlang der Seine aufgereiht, die übrigen Beiträge befanden sich im Park beim Trocadéro. Im Vordergrund des Fotos sieht man den türkischen Pavillon, gefolgt von den Nationenbauten der USA und Österreichs.

6 Unsere Weltausstellung. Eine Beschreibung der Columbischen Weltausstellung in Chicago, 1893. Chicago 1894, S. 266.
7 Ebd.
8 Paul Sigel: Exponiert. Deutsche Pavillons auf Weltausstellungen. Berlin 2000, S. 32.

12. **Der Pavillon Ungarns, Paris 1900**

Das Gebäude sollte nach dem Willen des ungarischen Generalkommissars, gleich einem steingewordenen Geschichtsbuch, „alle Stile vereinen, die in Ungarn einst in Blüte standen."[9] Beherrschender Bauteil des blockhaften Baukörpers war ein mächtiger Turm, dessen oberer Teil der aus den Türkenkriegen bekannten Zitadelle Körmöczbánya entlehnt war. Des Weiteren waren Nachbildungen eines Fragments der gotischen St. Michaelskirche von Kassa, des Rittersaals von Vajda-Hunyad, einer Renaissance-Loggia des Rákóczy-Hauses oder eines Teils des barocken Palais Klobusitzky, beide in Eperjes, in den Komplex integriert.

9 A. J. Meier-Graefe (Hg.): Die Weltausstellung in Paris. Paris/Leipzig 1900, S. 28.

13. **Der Pavillon Kambodschas, Paris 1900**

Die Bauten der zahlreich vertretenen Kolonien bedienten sich in erster Linie ihrer Sakralarchitektur als Medium der Selbstdarstellung. So hatte die französische Kolonie Kambodscha schon 1889 durch die Replik eines Tempels von Angkor für Aufsehen gesorgt.
In Paris 1900 errichtete das Land die Nachbildung einer Pagode, zu der eine breite, von Steinlöwen flankierte Treppe hinführte. Im Inneren war eine umfangreiche Kollektion von Götterbildern ausgestellt.

14. **„Deutsches Haus", Paris 1900**

Deutschland war im 19. Jahrhundert selten mit einem Nationenpavillon vertreten; aus politischen Gründen weigerte sich das Deutsche Reich, an den Pariser Expositionen von 1878 und 1889 offiziell aufzutreten. In Paris 1900 beteiligte sich Deutschland – wie schon auf der „World's Columbian Exhibition" 1893 in Chicago - mit einem prunkvollen, vom Düsseldorfer Baurat Johannes Radke konzipierten Pavillon in den Stilformen des Historismus. Der mit üppiger Fassadenmalerei verzierte Bau mit seiner Vielzahl an Erkern, Türmchen und Giebeln vermittelte den pittoresken Charakterdeutscher Renaissance-Rathäuser. Die massige Wirkung war – wie bei den meisten Nationenbauten an der Seine – jedoch nur Schein: Das Gebäude bestand großteils aus einer Holzkonstruktion, die mit Drahtgips verkleidet war. Wenn das „Deutsche Haus" auch von einigen Zeitgenossen kritisiert wurde – ein Journalist qualifizierte es etwa als „Pschorrbräu-Architektur"[10] ab –, so erfüllte es doch seine Aufgabe, nämlich die Versinnbildlichung des Deutschen Reichs. Der stellvertretende Generalkommissar brachte dies auf den Punkt: „Dieser Bau hat einen unbestreitbaren Vorzug, daß er urdeutsch ist, und daß, wer nur eine Ahnung von deutscher Art und deutscher Kultur hat, auch nicht einen Augenblick daran zweifeln wird, daß dieser Bau das Deutsche Haus ist."[11]

10 Mitteilungen aus dem Architekten- und Ingenieursverein zu Hamburg 35/1901, S. 51.
11 Theodor Lewald: Die kommende Pariser Weltausstellung. In: Nationalzeitung, 15. Februar 1900.

15. **Deutscher Pavillon, Barcelona 1929**

Deutschland beteiligte sich auf der vergleichsweise kleinen Weltausstellung in Barcelona mit einem Pavillon, der sich demonstrativ von allen dortigen Nationengebäuden unterschied. Er wurde von dem berühmten Architekten der Moderne, Ludwig Mies van der Rohe, entworfen.

16. **Innenansicht**

Der Pavillon zeichnete sich durch eine fließende Raumauffassung, die Verwendung innovativer Baumaterialien sowie die kompromisslos moderne Form aus: Das Gebäude wurde zu einer Inkunabel des Neuen Bauens und versinnbildlichte zugleich das Selbstverständnis der Weimarer Republik als demokratischer Staat.

17. Pavillons der Sowjetunion (rechts) und Nazideutschlands (links), Paris 1937

Die sich direkt gegenüberliegenden Pavillons Nazideutschlands und der UdSSR symbolisierten auf eindringliche Weise die – hier noch architektonisch ausgetragene – Konfrontation der beiden totalitären Systeme. Der klobig-monumentale Bau des Deutschen Reichs stammte von Hitlers Lieblingsarchitekten Albert Speer, der sich rückblickend dazu äußerte:

18. Entwurf des deutschen Pavillons

„Auf dem Ausstellungsgelände lagen sich die Bauplätze des sowjetrussischen und des deutschen Pavillons genau gegenüber, eine beabsichtigte Pointe der französischen Ausstellungsleitung. Zufällig verirrte ich mich bei einem Besuch in Paris in den Raum, in dem der geheimgehaltene Entwurf des Sowjetpavillons ausgestellt war: Auf hohem Podest schritt eine Figurengruppe von zehn Metern Höhe triumphal auf den deutschen Pavillon zu."

19. Pavillon der UdSSR

20. Figurengruppe „Arbeiter und Kolchosbäuerin" von Vera Muchina

„Daraufhin entwarf ich eine in schwere Pfeiler gegliederte, kubische Masse, die diesen Ansturm aufzuhalten schien, während vom Gesims meines Turmes ein Adler mit einem Hakenkreuz in den Fängen auf das russische Paar herabsah."[12] Für den Bau erhielt Speer – ebenso wie sein sowjetischer Kollege Boris Iofan – die Goldmedaille der Weltausstellungskommission.

12 Albert Speer: Erinnerungen. Frankfurt a.M./Berlin/Wien 1969, S. 95.

21. **Finnischer Pavillon, Paris 1937**

Der finnische Architekt Alvar Aalto, von dem u.a. das für die Architekturgeschichte bedeutende Senior Students Dormitory des „Massachussets Institute of Technology" in Cambrige/USA (1946-49) oder auch das postum errichtete, 1988 fertiggestellte Opernhaus in Essen stammt, lieferte schon 1937 in Paris einen Beweis seines Könnens. Sein der Moderne verpflichtete Pavillon wurde durch das Baumaterial Holz bestimmt; Teile des vorfabrizierten konstruktiven Gerüsts, die Fassade sowie die Gestaltung der Innenräume bestanden aus diesem für Finnland typischen Werkstoff.

22. **Pavillon des Vatikan, Paris 1937**

Der Vatikan trat 1937 erstmals auf einer Weltausstellung mit einem eigenen Pavillon auf, der den Architekturtypus eines sakralen Zentralbaus zitierte. Überragt wurde er durch einen 65 m hohen, mit einer Marienstatue bekrönten Turm. Das Innere beinhaltete verschiedene Säle, die unter anderem der Mission, der Kindheit, der Jugend und des Erwachsenenseins unter dem Blickwinkel der katholischen Glaubenslehre gewidmet waren. Ein Baptisterium, mehrere Kapellen, das „Foyer der Christenheit" und ein päpstlicher Thron komplettierten das Raumprogramm.

23. **„Pavillon du Comité de la Terre d'Israël", Paris 1937**

Das aus kubischen Formen aufgebaute Gebäude nahm neben einem Restaurant vier Säle auf, welche die politische, wirtschaftliche und soziale Geschichte Palästinas unter dem Blickwinkel des Judentums dokumentierten. Mit diesem Bau wurde der Anspruch des jüdischen Volkes auf die Errichtung eines eigenen Staates unterstrichen, der elf Jahre später Wirklichkeit werden sollte.

24. **Pavillon der Sowjetunion, New York 1939**

Die UdSSR zeigte hier einen ähnlich gestalteten Pavillon wie in Paris 1937, entworfen wiederum durch Boris Iofan. Nach dem Ausbruch des Zweiten Weltkriegs beendete die Sowjetunion ihre Beteiligung an dieser Weltausstellung und brach das Nationengebäude ab.

25, 26. **Pavillon der Bundesrepublik Deutschland, Brüssel 1958**

Die aktuellen politischen Verhältnisse lassen sich am Pavillon der Bundesrepublik auf der ersten Weltausstellung nach dem Zweiten Weltkrieg bildhaft nachvollziehen: Die einflussreichen Architekten der jungen Bundesrepublik Egon Eiermann und Sep Ruf setzten einen Entwurf um, der durch seine Transparenz und Leichtigkeit bestach und damit das demokratische Nachkriegsdeutschland versinnbildlichen sollte. Das elegante Ensemble bestand aus acht aufgeständerten Gebäuden in Stahl-Glas-Konstruktion, die durch Stahlstege miteinander verbunden waren.

27, 28. **Deutscher Pavillon, Montreal 1967**

Frei Otto, Pionier auf dem Gebiet der Konstruktion leichter Flächentragwerke, stellte hier im Vorgriff seines berühmten Daches des Olympiastadions in München 1972 einen spektakulären Bau vor. Die geschwungene, 8.000 qm große Dachlandschaft des Pavillons wurde von acht unterschiedlich hohen, leicht geneigten Masten aus verzinktem Stahlrohr getragen. Eine gekrümmte Seilnetzkonstruktion, deren Zugkräfte von 30 Randseilen und Betonankern abgeleitet wurden, bildete das Gerüst. Die Haut bestand aus PVC-beschichtetem Polyestergewebe und war an der Unterseite des Seilnetzes aufgehängt. Terrasseneinbauten aus Stahlfachwerk nahmen auf verschiedenen Niveaus die Ausstellungsbereiche auf. Der ästhetisch wie konstruktiv richtungsweisende Pavillon wurde 1972 abgebrochen.

29. **Pavillon der USA, Montreal 1967**

Richard Buckminster Fuller entwarf für die USA dieses futuristische Gebäude aus Metall und Kunststoff. Die Dreiviertelkugel mit 76 m Durchmesser und 61 m Höhe bestand aus geometrischen Oktaedern; die vorgefertigten Bauteile wurden am Bauplatz zusammengesetzt. Die von Buckminster Fuller entwickelten „geodätischen Kuppelbauten“ waren Ausdruck einer technizistisch-ästhetischen Architektursprache, die schon Paxtons Kristallpalast von 1851 eingeläutet hatte.

30. Pavillon der Schweiz, Osaka 1970

Der Pavillon, entworfen von Willi Walter, Charlotte Schmid und Paul Leber, sollte die Charaktereigenschaften der Alpen-republik – Ordnung, Präzision und Harmonie – versinnbildlichen. Der wie eine Großplastik anmutende Bau bestand aus einer Konstruktion aus Aluminiumröhren, welche die geometrisch abstrahierte Gestalt eines Baumes besaß. Bei Nacht wurde der „Tree of Light" spektakulär durch 32.000 Glühlampen beleuchtet.

31. Deutscher Pavillon, Sevilla 1992

Der deutsche Pavillon für Sevilla besitzt eine lange und turbulente Vorgeschichte. Nach ihrer Aufnahme in die UNO 1973 wollte auch die DDR erstmals an einer Weltausstellung teilnehmen. Die Wiedervereinigung machte die Pläne für einen Pavillon jedoch obsolet. Den Wettbewerb für ein gesamtdeutsches Nationengebäude gewann das Münchener Architekturbüro Auer & Weber mit einem überzeugenden Entwurf. Wegen Überschreitung des Kostenbudgets wurde dieser jedoch gekippt. Zur Ausführung gelangte die Planung von Georg Lippsmeier, eines Mitglieds der Wettbewerbsjury: Präsentiert wurde ein eher blutleeres, durch das schwebende Dach betont zeichenhaftes Gebäude.

32. **Japanischer Pavillon, Sevilla 1992**

Der markante pagodenförmige Pavillon gehörte zu den aufsehenerregendsten dieser Weltausstellung. Der von Tadao Ando entworfene Bau bestand ganz aus Holz und verwies so auf die wichtigste japanische Bautradition – jedoch kombiniert mit zeitgemäßer Technik. Eine gebogene Brücke führte zum Eingang im Obergeschoss des konkav geschwungenen Gebäudes.

33. **Pavillon Ungarns, Sevilla 1992**

Die neu entstandenen demokratischen Staaten Osteuropas stellten sich in Sevilla – als Demonstration nationalen Traditionsbewußtseins – großteils über ihre jeweilige Volkskultur dar. Ein prägnantes Beispiel hierfür ist der Pavillon Ungarns. Der von dem bekannten Architekten Imre Makowecz errichtete Holzbau mit seinen gewölbten Schieferdächern und den turmartigen Aufsätzen lehnte sich demonstrativ an Formen herkömmlicher ungarischer Dorfkirchen an.

34. **Pavillon der Schweiz, Sevilla 1992**

Wahrzeichen – und zugleich Irritationspunkt – des Pavillons war ein von Vincent Mangeat und dem Architekturbüro Wirth entworfener 33 m hoher Rundturm aus Karton, an den sich ein terrassierter Baukörper anschloss. „Das künstlerische Bild unseres Landes soll bewußt keine klischeehafte Selbstdarstellung sein"[13], so die Vorgabe der eidgenössischen Regierung. Ein Begleitprogramm aus Musik, Bildender Kunst, Theater und Film unterstrich den – im Mutterland höchst umstrittenen – multikulturellen Beitrag.

35. **Eingangsbereich des Pavillons**

Die über dem Eingang angebrachte Nationalflagge bestand provokativ aus einer rot bemalten Sperrholztafel, auf die Kermiksicherungen appliziert waren.

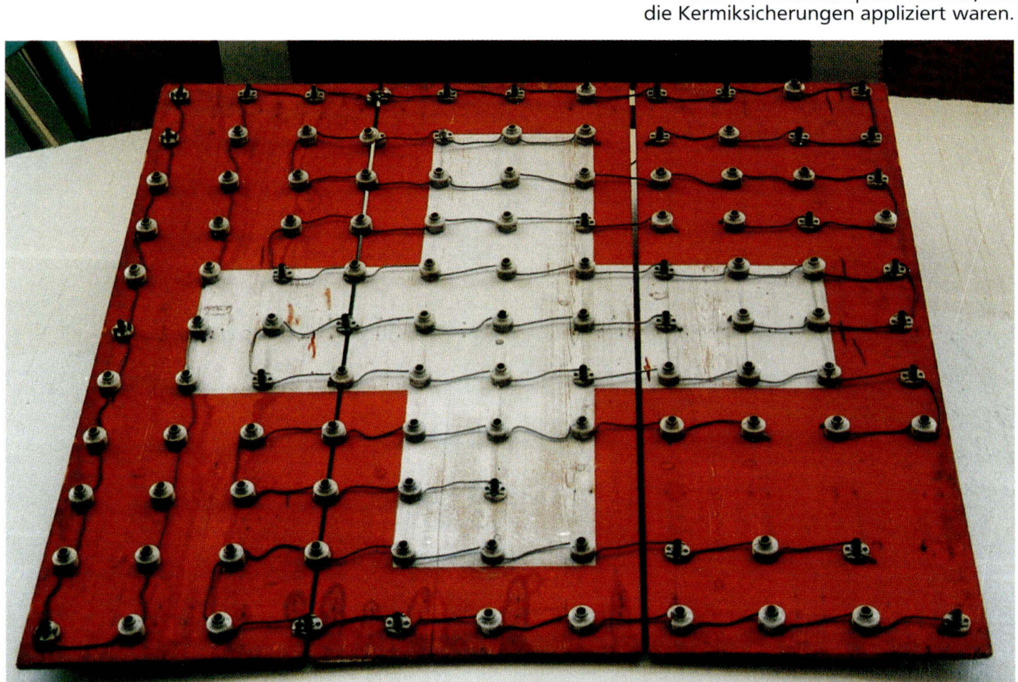

13 Der Schweizer Pavillon. Ein kleiner Führer. Basel (1992), S. 1.

37. **Japanischer Pavillon, Hannover 2000**

Der Architekt Shigeru Ban entwarf einen 3.600 qm großen Pavillon, der nahezu vollständig aus Pappe besteht; Berater war Frei Otto, der Schöpfer des deutschen Pavillons von 1967. Das mit einer Membranhaut aus Folie und Papier versehene Dach des Gebäudes besteht aus einem gewölbten Flächentragwerk mit 35 m Spannweite. Es ist als filigrane, bienenwabenförmige Konstruktion aus Pappröhren ausgeführt. Nach dem Ende der EXPO 2000 wird der Pavillon komplett recycelt.

36. **Pavillon der Niederlande, Hannover 2000**

Die Niederlande präsentiert durch das renommierte Rotterdamer Architekturbüro MVRDV einen der spektakulärsten Nationenpavillons auf der EXPO 2000. Sein Motto lautet „Holland schafft Raum": Das 40 m hohe, nach allen Seiten offene Gebäude zeigt auf fünf übereinander gestapelten Ausstellungsebenen charakteristische niederländische Landschaften wie Dünen, Agrarflächen, Blumen, Wald und Wasser. Auf dem Dach des Pavillons befinden sich vier Windrotoren zur Energieversorgung, die zugleich auf die für das Land typischen Windmühlen verweisen.

ARTICLES DE MÉNAGE. — PRODUITS A BON MARCHÉ. — Dessin de M. Desroches-Valnay.

1. **Haushaltsartikel, Paris 1867**

ENZYKLOPÄDIE DER MENSCHHEIT

Der ursprüngliche Anspruch der Weltausstellungen war eine lückenlose Darstellung menschlichen Schaffens: die Inventarisierung der Welt.

Riesige Hallen, angefüllt mit endlosen Reihen von Gerätschaften und Produkten, so präsentierten sich die Unternehmungen dem staunenden Publikum. Der Philosoph und Gesellschaftskritiker Walter Benjamin bezeichnete die Expositionen deshalb treffend als „Wallfahrtsstätten zum Fetisch Ware".[1]

Diese pompöse Selbstinszenierung des Kapitalismus rief freilich auch Kritik hervor: „Die Bourgeoisie der Welt errichtet durch diese Ausstellung im modernen Rom ihr Pantheon, worin sie ihre Götter, die sie sich selbst gemacht hat, mit stolzer Selbstzufriedenheit ausstellt"[2], spottete etwa Karl Marx

2. **Maschinenhalle, Chicago 1893**

schon im Vorfeld der ersten Weltausstellung in London 1851.

Es gab nahezu kein Zeugnis menschlichen Schaffens – von Lebensmitteln, Haushaltsprodukten bis zu Kunstgewerbegegenständen oder Maschinen –, das man bei dem ‚Wettstreit der Nationen' nicht für ausstellungswürdig befand:

1 Walter Benjamin: Paris, Hauptstadt des 19. Jahrhunderts. In: Ders.: Das Passagenwerk, herausgegeben von Rolf Tiedemann. Frankfurt a.M. 1983, Bd. 1, S. 50.

2 Revue, Mai bis Oktober 1850. In: Institut für Marxismus-Leninismus beim ZK der SED (Hg.): Karl Marx, Friedrich Engels: Werke, Bd. 7. Berlin (DDR) 1969, S. 431.

3. Hutabteilung,
Paris 1867

Auf der „Louisiana Purchase International Exposition" in St. Louis 1904 wurden beispielsweise 15 Abteilungen mit 144 Haupt- und 807 Untergruppen vorgestellt.
Auch auf den kulturellen Bereich erstreckte sich der internationale Wettstreit: So war beispielsweise die Kunst schon früh offizieller Bestandteil der Ausstellungsklassifikation; viele namhafte Maler und Bildhauer beteiligten sich dort mit ihren Werken.

Die beinahe unüberschaubare Fülle an Gegenständen schien die Zeitgenossen bisweilen in ihrer Aufnahmefähigkeit zu überfordern: „Wer will das alles fassen und begreifen? Ich lernte Ausstellungsbesucher kennen, die am dritten Tage hilflos zusammenbrachen, und wieder andere, die einen Monat brauchten, um sich fürs Irrenhaus reif zu studieren"[3], notierte etwa der schwäbische Ingenieur Max Eyth anlässlich seines Besuchs

4. **Lichthof des Kunstpalastes, Paris 1900**

der „Exposition universelle" in Paris 1878.
Am Tag vor der Schließung besagter Ausstellung zog Eyth – überwältigt und zugleich iritiert – ein Resümee: „So bleibt uns zuletzt doch nichts als ein Totaleindruck der großen, bunten, für den beschränkten Geist des einzelnen unfaßbar mannigfaltigen Tätigkeit der ganzen Welt. Es ist das zu Form und Farbe gewordene Pathos. Es ist eine schillernde Seifenblase, in der sich die fünf Weltteile

3 Max Eyth: Fahrtenbuch eines Ingenieurs. Berlin 1927, S. 420.

5. **Galerie der Häute und Felle, Paris 1867**

6. **Deutsche Buchausstellung, Paris 1900**

bespiegeln, ehe sie morgen abend um sechs Uhr zerplatzt."[4]

Die universal-enzyklopädische Bestandsaufnahme der Zivilisation verlor jedoch seit Beginn des 20. Jahrhunderts an Bedeutung: In den Vordergrund rückte der Event-Charakter sowie die Präsentation übergreifender Themenschwerpunkte. Gleichwohl wurden beispielsweise für die Besichtigung sämtlicher Produkte und Darbietungen auf der „New York World's Fair" von 1964 zwölf ganze Tage veranschlagt. Dies inspirierte eine Matratzenfirma dazu, auf dem Gelände einen Bettendienst einzurichten, bei dem sich erschöpfte Besucher stundenweise auf Liegen von den Strapazen erholen konnten.

4 Ebd, S. 420f.

Offizielle Ausstellungsklassifikation der „World's Columbian Exposition", Chicago 1893 [5]

Abtheilung A.

Land- und Forstwirthschaft, einschließlich der Erzeugnisse, Maschinen und Geräthe.

Gruppe 1. Getreide, Gräser und Futterpflanzen.
» 2. Brot, Biskuits, Pasten, Stärke, Gluten 2c.
» 3. Zucker, Syrup, Zuckerwerk 2c.
» 4. Kartoffeln, Knollen und andere Futterwurzeln.
» 5. Landwirthschaftliche Erzeugnisse, nicht anderweit genannt.
» 6. Fleischkonserven und Nahrungsmittelpräparate.
» 7. Molkerei und Molkereierzeugnisse
» 8. Thee, Kaffee, Gewürz, Hopfen sowie aromatische 2c. Pflanzenstoffe.
» 9. Thierische und vegetabilische Faserstoffe.
» 10. Reines Wasser, natürliche und künstliche Mineralwässer.
» 11. Whisky, Cider, Liköre und Alkohol.
» 12. Malzgetränke.
» 13. Maschinen und Einrichtungen für den Gährungsprozeß und die Destillation, sowie zum Abziehen und Lagern von Getränken.
Gruppe 14. Landwirthschaftliche Anlagen und Gebäude.
» 15. Literatur und Statistik der Landwirthschaft.
» 16. Landwirthschaftliche Werkzeuge, Geräthe und Maschinen.
» 17. Verschiedene thierische Erzeugnisse — Dünger und zusammengesetzte Düngemittel.
» 18. Fette, Oele, Seifen, Kerzen u. s. w.
» 19. Forstwirthschaft — Forsterzeugnisse.

Abtheilung B.

Gartenbau, Weinbau, Obstzucht, Blumenzucht 2c.

Gruppe 20. Weinbau, Erzeugnisse, Methoden und Geräthe.
» 21. Obstbau, Erzeugnisse, Methoden und Geräthe.
» 22. Blumenzucht.
» 23. Gemüse.
» 24. Sämereien.
» 25. Baumkultur.
» 26. Einrichtungen und Methoden für die Garten-, Blumen-, Baumkultur 2c.

Abtheilung C.

Lebende Thiere. — Haus- und wilde Thiere.

Gruppe 27. Pferde, Esel, Maulesel.
» 28. Rindvieh.
» 29. Schafe.
» 30. Ziegen, Lamas, Kameele und andere Hausthiere.
» 31. Schweine.
» 32. Hunde.
» 33. Katzen, Frettchen, Kaninchen 2c.
» 34. Geflügel und Vögel.
» 35. Insekten und deren Erzeugnisse.
» 36. Wilde Thiere.

Abtheilung D.

Fische, Fischerei, Fischereiprodukte und Fischereigeräthe.

Gruppe 37. Fische und andere Lebewesen des Wassers.
» 38. Seefischerei und Angelei.
» 39. Süßwasserfischerei und Angelei.
» 40. Erzeugnisse der Fischerei und ihre Behandlung.
» 41. Fischzucht.

7. **Abteilung für Postwesen, Chicago 1893**

Das US Postal Office zeigte – publikumswirksam in Glasvitrinen ausgebreitet – all diejenigen Dinge, welche ordnungswidrig in Briefsendungen verschickt werden sollten.

5 Amtlicher Bericht über die Weltausstellung in Chicago, erstattet vom Reichskommissar. Berlin 1894, o.S.

8. **Barcelona-Sessel, Barcelona 1929**

Ludwig Mies van der Rohe entwarf nicht nur den deutschen Pavillon, er war auch für dessen Möblierung zuständig. Noch heute erhältlich ist sein nach der Ausstellung benannter Sessel, eine zeitlos-elegante und zugleich bequeme Konstruktion aus Chrom und Leder.

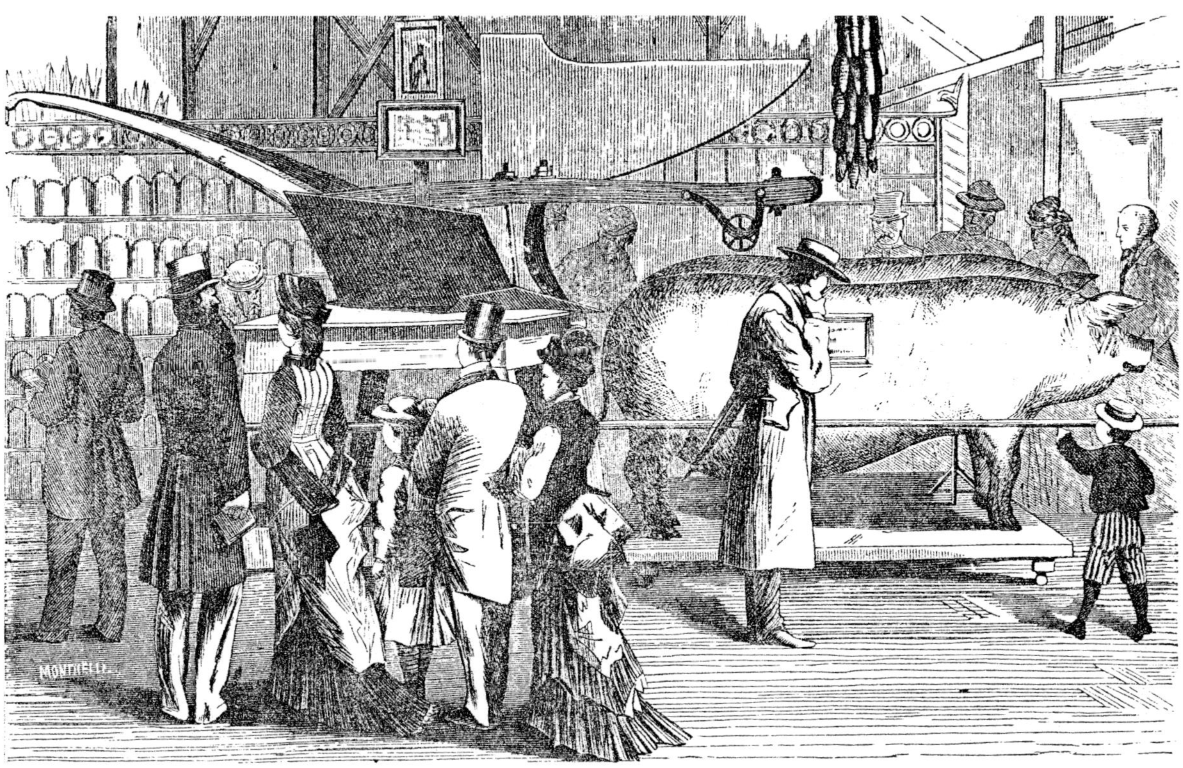

9. **„Cincinnatti-Schweine", Philadelphia 1876**

In Philadelphia waren eine Anzahl riesiger ausgestopfter Schweine aus Cincinnatti ausgestellt, welche die Zuchterfolge dieses Zentrums der US-amerikanischen Fleischverarbeitung verdeutlichen sollten.

Abtheilung E.

Bergwerke, Bergbau und Hüttenkunde.

Gruppe 42. Mineralien, Erze und gediegene Metalle, Edelsteine und Krystalle, geologische Proben.
" 43. Mineralische Brennstoffe — Kohle, Koks, Petroleum, natürliches Gas ꝛc.
" 44. Bausteine, Marmor, Ornamentsteine und Steinbruchprodukte.
" 45. Substanzen zum Schleifen, Reiben und Poliren.
" 46. Graphit und dessen Erzeugnisse; Thon und andere irdene Materialien, direkte Erzeugnisse daraus, Asbest ꝛc.

Gruppe 47. Kalkstein, Cement und künstliche Steine.
" 48. Salze, Schwefel, künstliche Düngemittel, Pigmente, Mineralwässer und verschiedene nützliche Mineralien und Verbindungen.
" 49. Eisen- und Stahlverarbeitung und -Erzeugnisse.
" 50. Aluminium und dessen Legirungen.
" 51. Kupfer und dessen Legirungen — Hüttenkunde.
" 52. Verhüttung des Zinns; Weißblech ꝛc.
" 53. Verhüttung des Zinks, Nickels und Kobalts.
" 54. Verhüttung des Antimons und anderer nicht besonders benannter Metalle.
" 55. Gewinnung des Goldes und Silbers durch Mahlen.
" 56. Gewinnung des Goldes und Silbers durch Auslaugen.
" 57. Gewinnung von Gold, Silber und Blei durch Feuer.
" 58. Bruch- und Werksteine.
" 59. Metallgewinnung durch Auswaschen und Stollenabbau (drift mining).
" 60. Werkzeuge und Vorrichtungen zum Bergbau unter Tage, Grubenzimmerung und -Stützung.
" 61. Bohr- und Drillgeräthe und Maschinen, sowie Vorrichtungen zum Brechen des Erzes und der Kohle.
" 62. Pumpen, Maschinen und Vorrichtungen, welche beim Bergbau zum Pumpen, Entwässern und zum Fördern benutzt werden.
" 63. Beförderung, Lagerung und Verladung der Erze, Kohlen ꝛc.
" 64. Vorrichtungen zum Mahlen und Stampfen.

Gruppe 65. Siebvorrichtungen.
" 66. Probirapparate und Flußmittel.
" 67. Geschichte und Litteratur des Bergbaues und der Hüttenkunde.
" 68. Originale oder Reproduktionen von Werkzeugen und Apparaten des Bergbaues und Hüttenwesens aus der früheren Zeit.

10. **Dampfhammer, Paris 1878**

Der mächtige Dampfhammer der französischen Waffenschmiede Creusot war Anziehungspunkt von Montanindustriellen aus der ganzen Welt. Er wog mehr als 1.200 Tonnen und entwickelte eine Schlagkraft von 100.000 kg.

11. **Elefant aus Walnüssen, San Francisco 1894**

Das Los Angeles County zeigte in der Gartenbauabteilung zwei seiner wichtigsten landwirtschaftlichen Exporterzeugnisse – freilich in ungewöhnlichem Arrangement. Einem lebensgroßen indischen Elefanten aus Walnüssen wurde eine riesige Weinflasche zur Seite gestellt, die sich aus mehreren hundert originalen Flaschen des bekannten Weinanbaugebiets zusammensetzte.

12. **Freiheitsstatue, Philadelphia 1876**

Die Freiheitsstatue von Frédéric-Auguste Bartholdi war Gast gleich zweier Weltausstellungen – allerdings nur in Teilen. Nachdem man dem amerikanischen Publikum in Philadelphia schon den gewaltigen Arm mit Fackel des Geschenks Frankreichs an die USA präsentiert hatte, stellte man zwei Jahre später auf der „Exposition universelle" in Paris den dazugehörigen Kopf aus.

Abtheilung F.
Maschinenwesen.

Gruppe 69. Motoren und Apparate zur Krafterzeugung und -Uebertragung. Hydraulische und Pneumatische Apparate.
- 70. Feuerspritzen — Apparate und Geräthe zum Feuerlöschen.
- 71. Werkzeugmaschinen und Maschinen zur Metallbearbeitung.
- 72. Maschinen zur Herstellung von Textilstoffen und Kleidungsstücken.
- 73. Holzbearbeitungsmaschinen.
- 74. Maschinen und Apparate zum Setzen, Drucken, Stempeln, Gaufriren und Maschinen für Buchbinder und zur Papierbearbeitung.
- 75. Lithographie, Zinkographie und Farbendruck.
- 76. Photo-mechanische und andere mechanische Illustrationsmethoden.
- 77. Verschiedene im Gewerbebetrieb gebrauchte Handwerkzeuge, Maschinen und Apparate.
- 78. Maschinen zur Bearbeitung von Stein, Thon und anderen Mineralien.
- 79. Maschinen zur Bereitung von Nahrungsmitteln.

Abtheilung G.
Transportwesen — Eisenbahnen, Schiffe, Fuhrwerke.

Gruppe 80. Eisenbahnen, Eisenbahn-Betriebsmaterial und -Ausrüstung.
- 81. Straßenbahnen und andere kurzlinige Bahnsysteme.
- 82. Anderweitige Eisenbahnen.
- 83. Fuhrwerke und Transportmethoden auf gewöhnlichen Straßen
- 84. Luft-, pneumatische und andere Beförderungsarten.
- 85. Schiffsfahrzeuge, Boote — See-, Landsee- und Flußtransport.
- 86. Kriegs- und Küstenvertheidigungsfahrzeuge.

Abtheilung H.
Industrieerzeugnisse.

Gruppe 87. Chemische und Pharmazeutische Erzeugnisse — Droguerieswaaren 2c.
- 88. Farben und Firnisse 2c.
- 89. Schreibmaschinen, Papier, Geschäftsbücher, Schreibmaterialien.
- 90. Zimmerausstattungen, Tapeziererarbeiten und künstlerische Dekorationen.
- 91. Thonwaaren und Mosaiken.
- 92. Marmor-, Stein- und Metalldenkmäler 2c.
- 93. Kunstgegenstände aus Metall, Emaillen 2c.
- 94. Glas und Glaswaaren.
- 95. Buntes Glas zu Dekorationszwecken.
- 96. Schnitzereien aus verschiedenem Material.
- 97. Gold- und Silberwaaren, Plattirungen 2c.
- 98. Juwelierwaaren und Schmucksachen.

13. Kopf der Freiheitsstatue, Paris 1878

In ihrer ganzen Größe von 93 m ist die Freiheitsstatue seit 1886 auf Liberty Island vor New York zu besichtigen.

14. Getreidepalast von Missouri, St. Louis 1904

Missouri errichtete hier im Rahmen der Landwirtschaftsausstellung einen imposanten Kuppelbau. Dessen Fassade bestand aus kunstvoll arrangierten Getreide- und Maispflanzen und sollte so die Bedeutung des US-Bundesstaates auf dem Agrarsektor herausstellen.

15. **Heinz-Pyramide, San Francisco 1915**

Der amerikanische Lebensmittelhersteller H. J. Heinz präsentierte auf der „Panama-Pacific International Exposition" einen mehr als zwölf Meter hohen Kegel, der aus 57 unterschiedlichen Gläsern und Dosen mit Produkten seiner Firma aufgebaut war.

Gruppe 99. Uhrmacherei — Taschenuhren, Wanduhren 2c.
„ 100. Seide und Seidenfabrikate.
„ 101. Fabrikate aus Jute, Ramie und anderen Pflanzen- und Mineralfaserstoffen.
„ 102. Garne und Gewebe aus Baumwolle, Flachs und anderen Pflanzenfasern.
„ 103. Web- und Filzstoffe aus Wolle oder Halbwolle.
„ 104. Kleidungsstücke und Kostüme.
„ 105. Pelzwerk und Pelzkleider.
„ 106. Spitzen, Stickereien, Besätze, künstliche Blumen, Fächer 2c.
„ 107. Haararbeiten, Koiffüren und Toilettengegenstände.
„ 108. Reiseausrüstungen — Mantelsäcke, Koffer, Toilettenkästen, feine Lederwaaren, Stöcke, Regen- und Sonnenschirme 2c.
„ 109. Gummiwaaren, Kautschuck, Guttapercha, Celluloid und Xylonit.
„ 110. Spielzeug und Phantasieartikel.
„ 111. Leder und Lederwaaren.
„ 112. Waagen, Gewichte und Maße.
„ 113. Kriegsbedarf, Geschütze und Munition, Waffen und Jagdgeräthe, Fallen 2c., Kleine Militär- und Sportwaffen.
„ 114. Beleuchtungsvorrichtungen und Zubehör.
„ 115. Heiz- und Kochapparate und Zubehör.
„ 116. Kühlgefäße, Hohlmetallwaaren, Zinnwaaren, emaillirte Waaren.
„ 117. Drahtwaaren und Siebe, durchlochte Bleche, Gitterwerk, Umzäunung 2c.

Gruppe 118. Schmiedeeisen und Metallkurzwaaren.
„ 119. Tresors, Geldschränke, Eisen- und Stahlwaaren, Schneidwerkzeuge, Messerschmiedwaaren.
„ 120. Gas- und Wasseranlagen und sanitäre Einrichtungen.
„ 121. Verschiedene, vorstehend nicht aufgeführte Artikel.

Abtheilung J.

Elektrizität und deren Anwendung.

Gruppe 122. Apparate zur Veranschaulichung der elektrischen und magnetischen Erscheinungen und Gesetze.
„ 123. Apparate für elektrische Messungen.
„ 124. Primäre und sekundäre elektrische Batterieen.
„ 125. Maschinen und Einrichtungen zur Erzeugung elektrischer Ströme durch mechanische Kraft — Dynamoelektrizität.
„ 126. Uebertragung und Regulirung des elektrischen Stromes.
„ 127. Elektrische Motoren.
„ 128. Anwendung elektrischer Motoren.
„ 129. Elektrische Beleuchtung.
„ 130. Elektrische Heizung.
„ 131. Elektrometallurgie und Elektrochemie.
„ 132. Elektrisches Schmieden, Schweißen, Hobeln, Härten, Löthen 2c.
„ 133. Elektrischer Telegraph und elektrische Signale.
„ 134. Das Telephon und seine Anwendungen, Phonographen.
„ 135. Elektrizität in der Chirurgie, Zahnheilkunde und Therapie.

16. **Indianerdorf, Chicago 1893**

In das umfassende Klassifizierungssystem wurde in Chicago mit dem „Department M" auch die Anthropologie einbezogen. Die Artefakte zeigte man im repräsentativen „Anthropological Building", ein beträchtlicher Teil der Ausstellung wurde jedoch ins Freie verlagert. Unter den zahlreichen ethnographisch-anthropologischen Zurschaustellungen auf der „Midway Plaisance" befand sich auch ein Dorf von Indianern aus Britisch-Nordamerika und Alaska mit seinen charakteristischen Totempfählen.

17. **Jury der Kunstabteilung, Paris 1878**

Die Kunst war auf zahlreichen Weltausstellungen – vor allem im 19. Jahrhundert – als eigenständige Abteilung vertreten. Auch sie war in das Preissystem eingebunden und wurde von Juroren auf ihre Qualität beurteilt. Zahlreiche berühmte Künstler ihrer Zeit hofften auf die begehrte Goldmedaille.

18. **„Friedhof der Abgewiesenen", Paris 1855**

Viele Künstler wurden jedoch nicht einmal zum Wettbewerb zugelassen und landeten, wie diese Karikatur zeigt, auf dem „Friedhof der Abgewiesenen". Dieses Los traf in Paris 1855 auch Gustave Courbet: Seine eingereichten Gemälde entsprachen nicht dem konventionellen Geschmack der Jury. Courbet nutzte jedoch die hier versammelte Weltöffentlichkeit, um vor dem Gelände der Ausstellung seinen Pavillon „Le Réalisme" – zentrales Manifest der Malerei des Realismus – zu präsentieren.

Gruppe 136. Verschiedene, vorstehend nicht besonders aufgeführte Anwendungen der Elektrizität.
„ 137. Geschichte und Statistik der Erfindungen auf dem Gebiete der Elektrizität.
„ 138. Fortschritte und Entwickelung der Elektrizität, veranschaulicht durch Modelle und Zeichnungen.

Abtheilung K.

Schöne Künste — Malerei, Bildhauerkunst, Architektur, Dekorationskunst.

Gruppe 139. Bildhauerkunst.
„ 140. Oelgemälde.
„ 141. Aquarellen.
„ 142. Malereien auf Elfenbein, Email, Metall, Porzellan und sonstige Materialien; Frescogemälde auf Wänden 2c.
„ 143. Metallstecherkunst und Radirkunst, Drucke.
„ 144. Kreide- und andere Zeichnungen.
„ 145. Antike und moderne Kunstschnitzereien 2c.
„ 146. Ausstellungen von Privatsammlungen.

Abtheilung L.

Freie Künste — Erziehungswesen, Litteratur, Ingenieurwesen, öffentliche Arbeiten; Musik und Drama.

Gruppe 147. Physische Entwickelung, Trainiren und Körperbeschaffenheit — Gesundheitspflege.
„ 148. Medizinische Instrumente und Apparate, Chirurgie und Prosthesis.
„ 149. Niedere und höhere Schulen, Universitäten.
„ 150. Litteratur, Bücher, Bibliotheken, Journalismus.

Gruppe 151. Präzisionsinstrumente, Experimentirinstrumente, Instrumente für Untersuchung und Photographie, Photographien.
„ 152. Ingenieurwesen, öffentliche Arbeiten, Architektur.
„ 153. Verwaltung und Gesetzgebung.
„ 154. Handel, Verkehr und Bankwesen.
„ 155. Institute und Einrichtungen zur Förderung und Verbreitung des Wissens.
„ 156. Soziale, industrielle und genossenschaftliche Vereinigungen.
„ 157. Religiöse Organisationen und Systeme — Statistik und Veröffentlichungen.
„ 158. Musik und musikalische Instrumente, Theater.

Abtheilung M.

Ethnologie, Archäologie, Arbeits- und Erfindungsfortschritt.

Gruppe 159. Ansichten, Pläne oder Modelle prähistorischer Monumente und Wohnungen.
„ 160. Möbel und Kleidung der Urvölker, uncivilisirten und halbcivilisirten Völkerschaften.
„ 161. Kriegs- und Jagdgeräthe.
„ 162. Werkzeuge und Geräthe für industrielle Thätigkeit.
„ 163. Kraftübungen — Spiele.
„ 164. Gegenstände für kirchliche Zwecke und zur Gottesverehrung, kirchliche Bilder, Hülfsmittel für den Gottesdienst.
„ 165. Historische Archäologie — Gegenstände zur Veranschaulichung des Fortschritts der einzelnen Nationen.

19. Kunstgewerbeartikel, London 1851

Auf der ersten Weltausstellung bildete das Kunstgewerbe einen Schwerpunkt. Die reich verzierten Gegenständen der Industrieländer riefen von Expertenseite jedoch heftige Kritik hervor: So bemängelte etwa der bekannte Architekt und Kunstgewerbereformer Gottfried Semper deren geringen Gebrauchswert sowie die „kindische Tändelei"[6] der Formen. Die Hauptursachen hierfür lagen für ihn in der Unfähigkeit, die modernen industriellen Fertigungstechniken mit den funktionalen Erfordernissen der Gegenstände künstlerisch in Einklang zu bringen. Die „Great Exhibition" galt deshalb als Initialzündung einer breiten kunstgewerblichen Reformbewegung, deren Ergebnis unter anderem das Entstehen der Gattung Kunstgewerbemuseum war.

6 Gottfried Semper: Wissenschaft, Industrie und Kunst. Vorschläge zur Anregung nationalen Kunstgefühls bei dem Schlusse der Londoner Industrie-Ausstellung. Braunschweig 1852, S. 32.

20. **„Le Triomphant", Paris 1900**

Die französische Schokoladenfabrik Menier errichtete als Blickfang der Halle für Landwirtschaft die Nachbildung des barocken Segelschiffs „Le Triomphant" auf schäumenden Gipswogen. In seinem Inneren wurde die Herstellung von Schokolade demonstriert; auf dem Oberdeck sprudelte werbewirksam eine Fontäne aus warmer Schokolade.

- 166. Modelle und Abbildungen alterthümlicher Schiffe, insbesondere aus der Zeit der Entdeckung Amerikas.

Gruppe 167. Darstellung alterthümlicher Land- und Seekarten und Schifffahrtsgegenstände.

- 168. Modelle und Abbildungen alterthümlicher Gebäude, Städte oder Monumente aus der historischen Zeit vor der Entdeckung Amerikas.

- 169. Modelle und Abbildungen von nach der Entdeckung Amerikas errichteten Wohnplätzen und Gebäuden.

- 170. Originale, Kopien oder Modelle oder graphische Darstellungen von bedeutenden Erfindungen.

- 171. Gegenstände zur allgemeinen Veranschaulichung des Fortschritts auf dem Gebiete der Verbesserung der Lebens- und Arbeitsbedingungen.

Gruppe ~~172.~~ Frauenarbeit.

- 173. Ausstellungen der Unionsstaaten und der amerikanischen und fremden Regierungen.

- 174. Die nordamerikanischen Indianer.

- 175. Porträts, Büsten und Statuen großer Erfinder und anderer Personen, welche in hervorragendem Maße zu dem Fortschritt der Civilisation und zum Wohle der Menschheit beigetragen haben.

- 176. Sonder- und Kollektivausstellungen.

21. **Maschinengalerie, Paris 1878**

Die in endlosen Reihen aufgereihten Maschinen mit ihren unterschiedlichsten Funktionen waren einer der Hauptanziehungspunkte auf den Weltausstellungen des 19. Jahrhunderts. Freilich benötigte man hier in Paris – so die Einschätzung des Besuchers Gustave Flaubert – „drei Monate lang jeden Tag vier Stunden, um alles kennenzulernen, was es in diesen großen Versammlungen der Zivilisation zu sehen gibt."[7]

22. **Nationenrestaurant im „Deutschen Haus", Paris 1900**

Das von Bruno Möhring gestaltete Restaurant befand sich im Untergeschoss des deutschen Pavillons. Im Unterschied zur konventionell-historistischen Fassade des Gebäudes war es in modernen Jugendstilformen gehalten. Holzpaneele aus rotem Mahagoni, bestickte Plüschtapeten und Malereien von Albert Maennchen sorgten für ein festliches und zugleich zeitgemäßes Ambiente.

7 Gustave Flaubert: Briefe. Herausgegeben und übersetzt von Helmut Scheffel. Stuttgart 1964, S. 673.

23. **Ozeandampfer, Paris 1900**

Im deutschen Schiffahrtspavillon war das Modell der „Deutschland", des neuesten und größten Passagierschiffes der „Hamburg-Amerikalinie" ausgestellt. Das Original war 202 m lang, 20,4 m breit und besaß 16.502 BRT. Seine 17.000 PS starken Maschinen beschleunigten den Dampfer auf mehr als 32 kn. 1901 holte er das begehrte „Blaue Band" für die schnellste Atlantik-Überquerung. Darüber hinaus hatte man einen Teil des Speisesaals im Maßstab 1:3 nachgebildet: „Die durchaus genaue Nachahmung und minutiöse Durchbildung aller Einzelheiten ermöglichen selbst dem, der noch nie das Bord eines so überaus komfortabel eingerichteten, allen Bedürfnissen der Neuzeit entsprechenden Dampfers betreten hat, sich eine gute Vorstellung eines derartigen Kolosses zu machen"[8], hieß es in einem Ausstellungskatalog.

24. **„Palais de Câbles", Paris 1900**

Felten & Guillaume errichtete einen aufwendigen Verkaufsstand, dessen Fassade vollständig aus der breiten Produktpalette der Mühlheimer Firma bestand: das „Palais de Câbles". Zu besichtigen waren hier „alle Sorten Drähte, Drahtseile und Kabel, erstere von den dicksten bis zu den feinsten Nummern, weich und hart, aus Eisen, Stahl, Messing, Bronze u.s.w. blank, verzinkt, verzinnt u.s.w., die Drahtseile in einer fast unglaublichen Mannigfaltigkeit, dünn und dick, zusammengesetzt aus wenigen und vielen Drähten, bestimmt für alle denkbaren Verwendungszwecke"[9], berichtete ein Ausstellungsführer.

8 Georg Malkowsky (Red.): Die Pariser Weltausstellung in Wort und Bild. Berlin 1900, S. 414.
9 Ebd., S. 458.

25. **Quadriga, London 1851**

Das Königreich Bayern präsentierte auf der „Great Exhibition" eine kolossale Löwenstatue von Ferdinand Miller. Der Bronzeguss war die erste Figur der Quadriga, die heute das Siegestor in München bekrönt. Im Ausstellungskatalog war bereits das komplette Ensemble zu sehen.

26. **„Russische Hütte", Philadelphia 1876**

Im Rahmen der 1851 eingeleiteten Reform des Kunstgewerbes fanden bei Experten in erster Linie Gegenstände aus Asien oder Afrika Anklang; sie verkörperten am eindrucksvollsten die angestrebte Synthese von Form und Funktion. Aber auch die europäische Volkskunst wurde beachtet. Bei russischen Exponaten stellte man besonders die Überlieferung „uralter Formen und Bemalungen"[10], bei denen „jeder Künstler, mehr noch aber jeder Fabrikant in die Lehre gehen"[11] könne, heraus. Die in Philadelphia gezeigte „Russische Hütte" mit ihrem traditionellen Schnitzwerk und den volkstümlichen Exponaten wurde vom Fachpublikum besonders gelobt.

10 Friedrich Pecht: Kunst und Kunstindustrie auf der Weltausstellung von 1867. Leipzig 1867, S. 286.
11 Ebd.

27. **Speisezimmer, Brüssel 1910**

Die Raumkunst- und Kunstgewerbeabteilung nahm innerhalb der Präsentation des Deutschen Reiches in Brüssel eine hervorgehobene Stellung ein. Die Gesamtkonzeption stammte von dem bedeutenden Designer und Architekten der frühen Moderne Bruno Paul, der auch diverse Räumlichkeiten dieser Sektion gestaltete. Ziel war es, den hohen Standard deutscher kunstindustrieller Produkte zu demonstrieren. Künstler unterschiedlichster Strömungen wie Peter Behrens oder Paul Ludwig Troost beteiligten sich: Richard Riemerschmid entwarf etwa ein rustikales Wohnzimmer, Paul Schultze-Naumburg ein Schlafzimmer mit Biedermeier-Elementen. Das abgebildete Speisezimmer in reduzierten klassizistischen Formen stammt von Wilhelm Kreis. Angestrebt war trotz dieser Heterogenität die Schaffung eines einheitlichen nationalen Stils.

28. **Thonet-Stuhl, Philadelphia 1876**

Die Sitzmöbel von Michael Thonet wurden schon 1851 in London erstmals der Weltöffentlichkeit präsentiert. Neuartig war die aus dem Brücken- und Schiffsbau entlehnte Konstruktion aus gebogenem Holz. Auch auf den folgenden Weltausstellungen wie etwa 1876 in Philadelphia stellte die Wiener Möbelmanufaktur ihre Fabrikate aus. Sie haben sich im Lauf der Zeit zu Klassikern entwickelt.

29. **Uhr von Junghans, Paris 1900**

Prunkstück der deutschen Uhrenausstellung in Paris war diese reich verzierte Kunstuhr des Kommerzienrats Junghans aus Schramberg. Sie führte, untermalt von Choralklängen, auf einer mechanischen Drehbühne die Hauptszenen der Oberammergauer Passionsspiele auf. Eine bewegliche Scheibe demonstrierte den aktuellen Stand der Gestirne, während zwei Engel an einer kleinen Turmglocke die Stundenzahl verkündeten.

30. **Vorführung der Elfenbein-Industrie, Paris 1878**

Im Rahmen der Abteilung „Histoire du travail" konnte das Publikum live die Herstellung verschiedener Produkte verfolgen. Hier wurden aus Elefantenstoßzähnen Schmuckstücke und kunsthandwerkliche Gegenstände gefertigt.

31. **Weinabteilung, Philadelphia 1876**

Es gab nahezu kein Objekt und kein Erzeugnis, das auf den Weltausstellungen des 19. Jahrhunderts im Rahmen des internationalen Wettbewerbs nicht Bestandteil von verschiedensten Ausstellungsklassen und ihren diversen Unterabteilungen war. Dies traf auch für den Weinbau zu. Hier ist die Jury der Weinabteilung in Philadelphia 1876 bei der Begutachtung der eingereichten Beiträge zu sehen.

32. **Xochicalco-Tempel, Paris 1867**

Auf dem Marsfeld waren mehrere Nachbildungen von historischen Gebäuden aus unterschiedlichen Kulturen aufgebaut. So konnte das Publikum beispielsweise den mexikanischen Tempel von Xochicalco bestaunen, „die bluthroten Wände (wegen der Menschenopfer) mit fratzenhaften Bildern bemalt." [12]

33. **Yachten, Paris 1867**

Die hier abgebildeten Segelboote in der schwedischen Abteilung dienten nicht – wie etwa eine moderne Segelyacht – dem Freizeitvergnügen. Sie fungierten als Walfänger; die beiden flankierenden Figuren demonstrieren die Herstellung von Lebertran.

12 A. Ebeling: Die Wunder der Pariser Welt-Ausstellung 1867. Köln 1867, S. 123.

34. Zollvereins-Abteilung, London 1851

Die verschiedenen Länder Deutschlands traten auf den Weltausstellungen bis zur Reichseinigung 1871 als „Zollverein“ auf. Im Zentrum der Abteilung in London befand sich die Zink-Skulptur „Amazone“ von August Kiß, deren Original aus Bronze vor Schinkels Neuem Museum in Berlin aufgestellt ist.

1. Chrysler-Pavillon, Chicago 1933/34

‚CORPORATE IDENTITY'
FIRMEN UND ORGANISATIONEN

Neben den teilnehmenden Ländern präsentierten sich auf Weltausstellungen auch zahlreiche Firmen mit oft aufwändig gestalteten Pavillons. Diese garantierten - mehr noch als die Stände in den jeweiligen Ausstellungsabteilungen - eine optimale Aufmerksamkeit des Publikums und waren darüber hinaus ideales Medium für die Herausstellung einer „Corporate Identity".

Die im Verlauf der Geschichte der Weltausstellungen immer stärker in das Programm integrierten Organisationen verschiedenster Art nutzten die Architektur ebenfalls als öffentlichkeitswirksames Mittel der Selbstdarstellung: Industriebetrieb, Lebensmittelhersteller, religiöse Weltgemeinschaft, Non-Profit-Organisation oder auch einzelne Städte - alle waren auf diesen universalen Schauen der Weltgemeinschaft mit zum Teil spektakulären Bauten vertreten.

2. Gebetssaal der evangelischen Missionsgesellschaften, Paris 1867

Christliche Organisationen waren häufig auf Weltausstellungen zu Gast. Schon 1867 stellten sich etwa die evangelischen Missionsgesellschaften auf dem Marsfeld mit mehreren Bauten dar. In dem „Kiosque de la propagande biblique" wurde die Heilige Schrift in verschiedenen Sprachen angeboten. Ein „Musée des Missions" und ein Gebetssaal in romanisierenden Formen komplettierten das Ensemble.

3. Pavillon von Rimmel, Paris 1867

Der bekannte Parfüm-Hersteller Auguste Rimmel präsentierte sich nicht wie seine Konkurrenten im universalen Ausstellungspalast, sondern er errichtete auf dem Marsfeld für seine pontenziellen Kunden werbewirksam einen eigenen Pavillon – ein jedoch eher bescheidenes Gebäude mit sparsamer Holzverzierung.

4. Pavillon von Eiffel, Paris 1889

Der berühmte Ingenieur Gustave Eiffel war 1889 auch durch den „Pavillon Eiffel" vertreten. Der Bau wurde in den Stilformen der Neorenaissance errichtet – ein deutlicher Kontrast zu Eiffels Wahrzeichen der Weltausstellung, dem nach ihm benannten Eiffelturm. Überwölbt wurde das Gebäude durch eine Kuppel, die dem ebenfalls von ihm entworfenen Observatorium in Nizza nachgebildet war.

5. Krupp-Pavillon, Chicago 1893

Der Essener Krupp-Konzern war auf den großen Pariser Expositionen von 1878 und 1889 aus naheliegenden Gründen – schließlich waren Produkte aus dessen Produktion maßgeblich für den Sieg des Deutschen Reichs gegen Frankreich verantwortlich – nicht beteiligt. Deshalb nutzte die Firma das ‚neutrale Terrain' der folgenden Weltausstellung in Chicago, um sich durch einen pompösen Pavillon in neobarocken Formen darzustellen.

6. **Transportation-Building, Chicago 1893**

Der lang gestreckte Bau hob sich in seiner Gestalt deutlich von den übrigen, in neoklassizistischer Formensprache errichteten Ausstellungshallen ab. Er stammte von dem bekannten Architekten Louis Sullivan, einflussreichstem Vertreter der „Schule von Chicago". Blickfang des Gebäudes für Transportwesen war das farbenprächtige, mit Ornamenten, Bögen und Reliefs verzierte Eingangsportal.

7. **Pavillon von Schneider & Cie., Paris 1900**

Die französische Maschinen- und Waffenfabrik Schneider präsentierte in Paris 1900 einen vielbeachteten Pavillon. Der imposante Kuppelbau aus Eisen verwies in seiner Formgebung auf die Bedeutung des Betriebs als Waffenschmiede: Er war einer gepanzerten Gefechtsstellung auf Kriegsschiffen nachempfunden. Sogar ein mächtiges Geschützrohr durfte nicht fehlen.

8. Deutscher Schifffahrtspavillon, Paris 1900

Das markante Gebäude war dem Rotsandleuchtturm an der Wesermündung nachgebildet; ein an der Spitze angebrachter Riesenscheinwerfer der Firma Schuckert schwenkte nachts über das Gelände. Ausgestellt waren unter anderem Kriegs- und Passagierschiffsmodelle sowie ein monumentaler Globus, auf dem die Routen sämtlicher deutschen Schiffahrtslinien verzeichnet waren. Über dem Eingansportal befand sich eine Inschrift mit dem Spruch Kaiser Wilhelms II. „Deutschlands Zukunft liegt auf dem Wasser".

9. „Pavillon Bleu", Paris 1900

Das Restaurant mit seiner von fantasievollen floralen Elementen geprägten Fassade, entworfen von dem Architekten René Dulong und dem Bildhauer Gustave Serrurier-Bovy, war eines der wenigen Bauten im damals modernen Jugendstil auf dem Weltausstellungsgelände. Die Inneneinrichtung des „Pavillon Bleu" war ebenfalls in üppigen Art-Nouveau-Formen gehalten. Auch die von Hector Guimard entworfenen Eingänge des ersten Abschnitts der Pariser Métro, eröffnet anläßlich dieser Weltausstellung, weisen diesen Stil auf.

10. **Ensemble „Jerusalem“, St. Louis 1904**

Die Zurschaustellung des Judentums stellte auf den Weltausstellungen einen Sonderfall dar, da religiöse Emanzipation, Aufklärung und nationale Repräsentation eng miteinander verknüpft waren. Im Unterschied zu den christlichen Religionen war das Judentum – abgesehen von der allegorischen Marmorstatue „Religious Liberty“ in Philadelphia 1876 oder einigen sakralen Gegenständen in diversen Ausstellungsabteilungen – erst in St. Louis mit einem eigenständigen Bauwerk vertreten. Vorgeführt wurde hier die reduzierte Nachbildung des Tempelbergs: „a colossal reproduction from the Holy Land.“[1]

11. **Sunlight-Pavillon, Antwerpen 1930**

Der Lebensmittelkonzern Sunlight spielte in Antwerpen mit diesem malerisch-märchenhaften Pavillon auf seine breite Angebotspalette an, die auch exotische Südfrüchte beinhaltete.

1 Marshall Everett: The Book of the Fair. O. O. 1904, S. 240.

12. **Thermometer-Turm, Chicago 1933/34**

Die „Havoline Motor Oil Company" errichtete in Chicago einen Turm in der Form eines riesigen Thermometers. Angezeigt wurde hier jedoch nicht etwa die Temperatur, sondern – ganz nach dem fortschrittseuphorischen Motto dieser Weltausstellung „A Century of Progress" – der Benzinverbrauch der amerikanischen Automobilgesellschaft.

13, 14. Pavillon der katholischen Missionen, Brüssel 1935

Auch die katholischen Missionen nahmen an zahlreichen Weltausstellungen teil. Anläßlich der „Exposition universelle et internationale" in Brüssel 1935 präsentierte man das „Palais des Missions catholiques", ein aufwändig gestaltetes Gebäude mit goldenen, an byzantinische Kirchen erinnernden Kuppeln und sechs von Kreuzen bekrönten Obelisken.

15. Shell-Pavillon, San Diego 1935/36

Der Ölkonzern Shell errichtete in San Diego ein betont zeichenhaftes Bauwerk. Es hatte die Form einer riesigen Muschel – bis heute Wahrzeichen dieser Firma.

16. Pernod-Pavillon, Paris 1937

Den Pavillon des bekannten französischen Getränkeherstellers überragte als Signet ein überdimensionales, leuchtendes Aperitiv-Glas. Ein polygonaler Baukörper nahm die Schauräume auf.

17. **Pavillon von General Motors, New York 1939/40**

GM präsentierte – gemäß seiner herausragenden Stellung in der US-amerikanischen Wirtschaft – eines der größten Gebäude auf dem Weltausstellungsgelände. Der von Albert Kahn entworfene Komplex zeigte in seinem Inneren unter dem Slogan „Highways und Horizonts" das Modell einer idealen Stadt, wie man sie sich im Jahr 1960 vorstellte.

18. **Firmenpavillon der „National Cash Register Company", New York 1939/40**

Die Betonung der ‚Corporate Identity' wurde beim Firmenpavillon von NCR in New York 1939/40 auf die Spitze getrieben. Das 14 m hohe Bauwerk hatte die Form einer Registrierkasse aus der aktuellen Produktion der Firma. Die Zahlen der Kasse zeigten die jeweils tägliche sowie die bislang totale Besucherzahl der Weltausstellung an.

19. **„Jewish Palestine Pavilion", New York 1939/40**

Nicht zuletzt durch die publicity-trächtige Anwesenheit Albert Einsteins bei seiner Eröffnung wurde der Pavillon zum Publikumsmagneten: mehr als zwei Millionen Menschen besuchten ihn. Finanziert von 61 zionistischen Organisationen versinnbildlichte er die jüdischen Kolonisationsbestrebungen. Damit sollte demonstriert werden, daß das jüdische Palästina bereits Realität war. Auf der Weltausstellung in Brüssel 1958 präsentierte sich der Staat Israel dann erstmals mit einem offiziellen Nationengebäude.

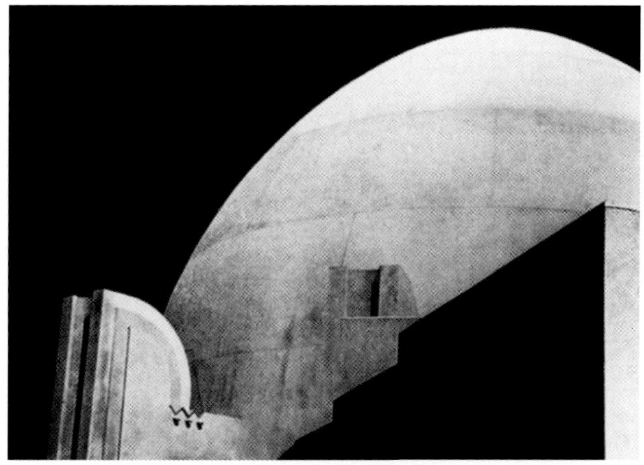

20, 21. **Heinz-Pavillon, New York 1939/40**

Der US-amerikanische Ketchup-Hersteller J. H. Heinz Company, seit 1893 auf nahezu jeder Weltausstellung zugegen, errichtete in New York 1939/40 den imposanten Kuppelbau „Heinz Dome". Im Inneren war eine Bühnenshow mit „Mr. Aristocrat Tomato Man", einer singenden Tomatenfigur mit Melone und Frack, zu sehen. Die 20 m hohe Skulptur „Goddess of Perfection" im Zentrum des Kuppelsaales wurde 1940 auf das Dach der Kuppel versetzt.

22. **Philips-Pavillon, Brüssel 1958**

Der berühmte Architekt Le Corbusier konzipierte 1958 in Brüssel für Philips diese expressiv gestaltete Zeltkonstruktion aus Beton. Edgar Varèse und Iannis Xenakis komponierten speziell für die Performance in seinem Inneren den „Poème électronique“, eine avantgardistische Klangcollage aus Maschinengeräuschen, Glocken, Klavier und Perkussion, die aus mehr als 400 Lautsprechern abgespielt wurde.

23. **Pavillon der Mormonen, New York 1964/65**

Die New Yorker Weltausstellung bot das Forum für nicht weniger als 30 religiöse Institutionen, die auch mit mehreren Pavillons zugegen waren. Neben dem „Christian Science Pavilion“, dem von mehr als 20 christlichen Organisationen konzipierten „Protestant and Orthodox Center“ oder dem Pavillon des populären amerikanischen Predigers Billy Graham errichteten auch die Mormonen ein Gebäude, eines der höchsten dieser Weltausstellung. Es war die Nachbildung der „Soaring Towers“, des Mormonentempels in Salt Lake City, die von einer goldenen Engelsstatue bekrönt wurde.

24. United Staates Rubber Corporation, New York 1964/65

Die „United Staates Rubber Corporation" präsentierte in New York ein Riesenrad in der Gestalt eines überdimensionierten Reifens. Von den überdachten Gondeln bot sich dem Publikum ein faszinierender Blick über das Ausstellungsgelände.

25. Pavillon der Eastman Kodak Company, New York 1964/65

Der Komplex wurde durch einen Turm dominiert, an dem fünf riesige Dia-Bildschirme angebracht waren. Zwei Theater und 26 Ausstellungssektionen informierten das Publikum über die Angebote der Firma.

26. **IBM-Pavillon, New York 1964/65**

Der finnisch-amerikanische Architekt Eero Saarinen entwarf für IBM das sog. „Ovoid", eine futuristisch anmutende Schalenkonstruktion, die an den überdimensionierten Kugelkopf einer elektrischen Schreibmaschine erinnerte. Die Außenhülle bestand aus einem Relief des sich endlos wiederholenden Schriftzuges „IBM".

27. **Pavillon von General Motors, New York 1964/65**

Albert Kahn Associates konzipierte für den Automobilkonzern diesen markanten Pavillon mit seiner dynamischen, konkav geschwungenen Eingangsfront. Die Attraktion im Inneren des Gebäudes war eine Weiterentwicklung des GM-„Futuramas" von 1939/40, welches die Faszination der Mobilität zum Thema hatte.

28, 29. **Pepsi-Cola-Pavillon, Osaka 1970**

In Osaka waren zahlreiche Firmen mit eigenständigen Pavillons vertreten. Für großes Aufsehen sorgte etwa der igluförmige „Experiments in Art and Technology"-Pavillon von Pepsi-Cola. Künstler der Avantgarde inszenierten hier ein multimediales Gesamtkunstwerk aus elektronischen Klängen, Laserstrahlen und Spiegelkabinetten.

30. **Toshiba-IHI-Pavillon, Osaka 1970**

Das durch einen schlanken Turm akzentuierte Gebäude von Noriaki Kurokawa bestand aus einem Raumtragewerk aus 1.500 vorfabrizierten Tetraedern. An diesem war ein leuchtend roter Theatersaal aufgehängt, der zur Aufnahme des Publikums hydraulisch auf Bodenniveau absenkbar war.

31. **Pavillon von Fuji, Osaka 1970**

Ähnlich wie der US-amerikanische Pavillon war der Beitrag von Fuji als Traglufthalle konzipiert: 16 Kunststoffschläuche mit jeweils vier Metern Durchmesser und 72 m Länge wölbten sich auf einem Grundriss von 50 m Durchmesser.

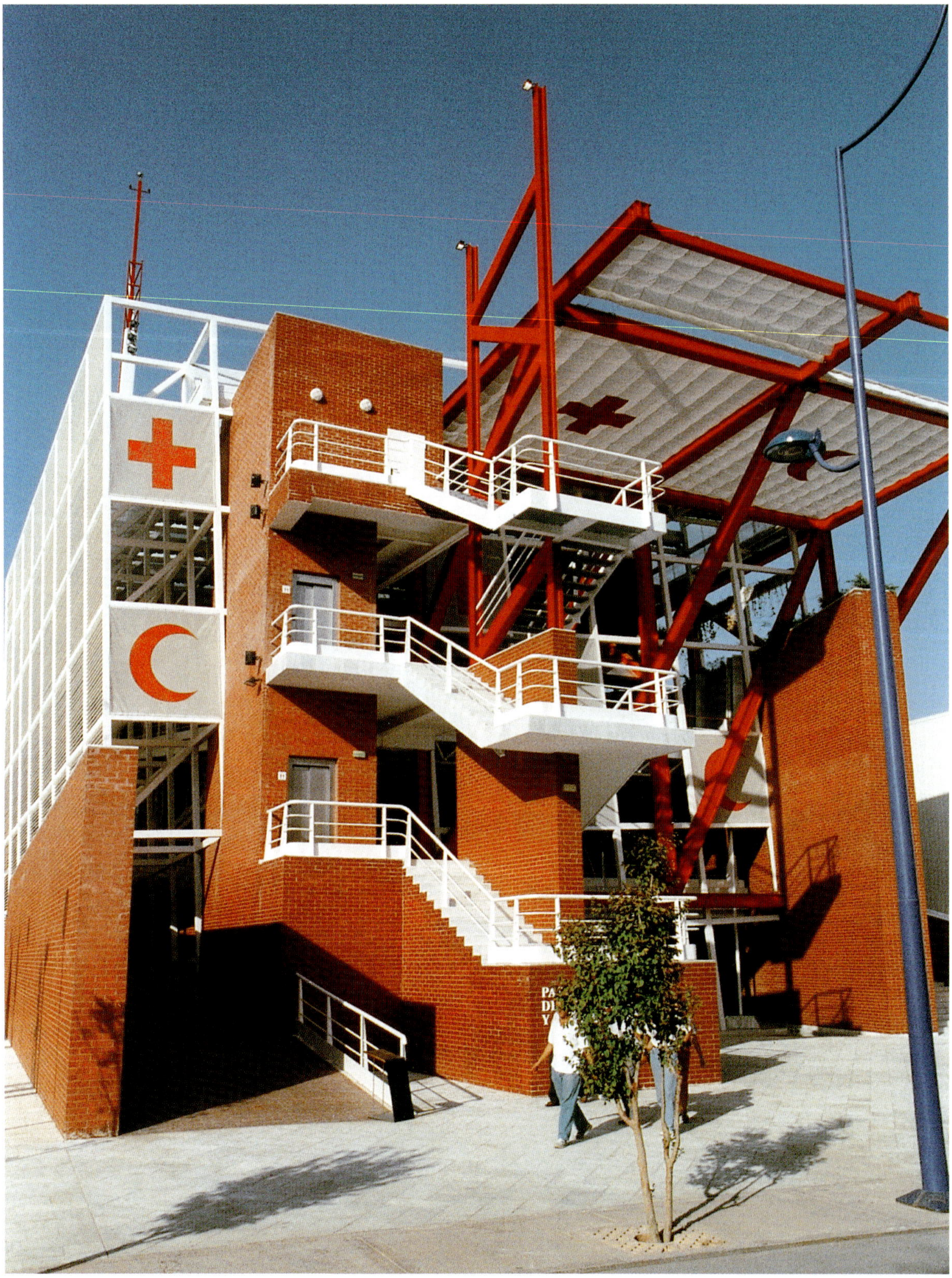

32. Pavillon des Roten Kreuzes und des Roten Halbmondes, Sevilla 1992

Das 1863 gegründete Rote Kreuz war auf mehreren Weltausstellungen präsent. Auf der „Expo '92" errichtete es zusammen mit dem Roten Halbmond einen Pavillon in den Architekturformen des in jener Zeit modischen Dekonstruktivismus. In ihm konnte sich das Publikum über die Aufgaben dieser Hilfsorganisationen bei Naturkatastrophen und kriegerischen Konflikten informieren.

33. Siemens-Pavillon, Sevilla 1992

Auf der Weltausstellung in Sevilla beteiligten sich neben 110 Ländern auch 32 internationale Organisationen und Firmen. Siemens errichtete einen zylinderartigen Pavillon inmitten eines quadratischen Wasserbeckens. Clou des High-Tech-Gebäudes war ein 400 qm großes Sonnenschutzschild aus einer Lamellenstruktur von Plexiglasprismen, das, durch solarenergiegespeiste Elekromotoren angetrieben, sich dem jeweiligen Sonnenstand anpasste. Im Inneren erwartete das Publikum die Multivisionsschau „Evolution of Networks" zur Geschichte des Technologieunternehmens. Der Pavillon fungiert seit Ende der „Expo '92" als Zweigniederlassung von Siemens und Sitz eines Entwicklungszentrums.

34. Pavillon der Europäischen Gemeinschaft, Sevilla 1992

Die EG präsentierte sich in Sevilla durch einen mit den Flaggen aller Mitgliedsländer verkleideten transparenten Konus von 50 m Höhe. Als großes, bei Nacht illuminiertes „Leuchtsignal" versinnbildlichte er die „Einheit in Vielfalt" der Europäischen Gemeinschaft. Im Erdgeschoss des Gebäudes war die Ausstellung „Vom Europa der Renaissance zur Renaissance Europas" zu besichtigen.

35. **Bertelsmann-Pavillon, Hannover 2000**

Die Bertelsmann AG, ein Weltpartner der EXPO 2000, stellt sich durch ein spektakuläres Ensemble dar. Als Wahrzeichen fungiert der „planet m“, ein futuristischer Rundbau, der auf Stahlstützen ‚schwebt‘. Die Außenhülle des High-Tech-Bauwerks, das nachts Halogenstrahler effektvoll beleuchten, bildet ein Mantel aus filigran verwebten Edelstahl-spiralbändern. Über eine Brücke gelangt man in einen dreigeschossigen Gebäudekubus mit naturbelassener Holzfassade, das „Bertelsmann-Building“. Im Inneren des Komplexes erwarten das Publikum Inszenierungen zur Geschichte und Zukunft der Medien sowie eine Gesamtdarstellung der Angebote von des Medienkonzerns.

36. **„cyclebowl“, Hannover 2000**

Der Pavillon der „Duales System Deutschland AG“ besticht durch seine außergewöhnliche Konstruktion. Das Grundgerüst des 25 m hohen, trichterförmigen Gebäudes bildet ein geschraubtes Stahltragwerk, als Außenhülle und Dach dienen 28 pneumatisch gestützte „Folienkissen“. Sie bestehen aus transparenten, mit Luft gefüllten Plastikfolien, die in Aluminiumrahmen eingefaßt sind; die Kissen verleihen der Fassade die notwendige Stabilität.

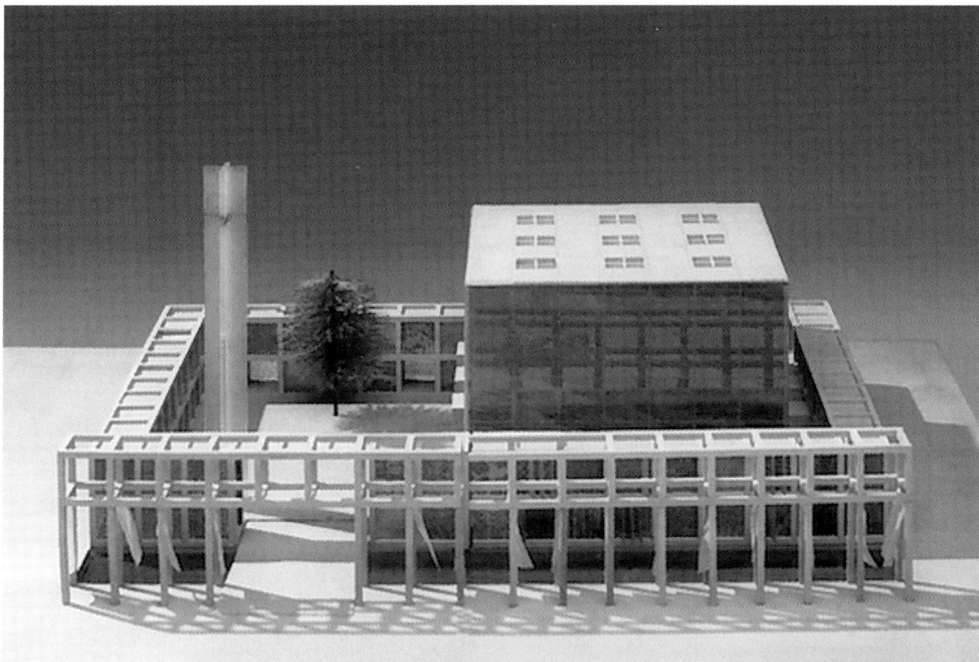

37, 38. **Christus-Pavillon, Hannover 2000**

Auf der EXPO 2000 sind die evangelische und katholische Kirche mit einem gemeinsamen Pavillon vertreten, entworfen von dem bekannten Hamburger Architekturbüro gmp von Gerkan, Marg + Partner. Die Fassade des transparenten Stahl-Glas-Komplexes ist als Kolonnadenwand aus Stahlstützen gestaltet. Der umlaufende ‚Kreuzgang', der Ausstellungskabinette aufnimmt, weckt Assoziationen an Klosteranlagen. Im Innenhof, der durch ein 27 m hohes Glas-Stahl-Kreuz dominiert wird, erhebt sich ein kubischer, tempelartiger Baukörper. Er beinhaltet eine hohe, innen mit Marmor verkleidete Halle für Andachten und Veranstaltungen. Sie wird durch Stahlstützen mit dazwischenliegenden Oberlichtern wirkungsvoll gegliedert. Unter ihr liegt eine organisch gestaltete Krypta aus Stahlbeton mit Sandboden. Nach der EXPO 2000 wird der Pavillon demontiert und in das ehemalige Zisterzienserkloster Volkenroda (Thüringen) integriert.

1. Vor den Toren der Ausstellung, Chicago 1893

BEGEGNUNG DER WELT

Die Vereinigung der Welt an einem Ort bezog sich nicht nur auf prunkvolle Architektur oder die ausgestellten Gegenstände aller Art: Es sind in erster Linie die aus allen Ländern der Erde zusammenströmenden Menschen, die den Weltausstellungen ihr unverwechselbares Gesicht verliehen.

Die Möglichkeit, bei jenen ‚Rundgängen um die Welt an einem Ort' Besucherinnen und Besucher exotischer Kulturen und fremder Länder kennenzulernen, übte auf das Publikum von jeher eine große Faszination aus. So notierte beispielsweise Mark Twain anlässlich der Pariser „Exposition universelle" von 1867: „Natürlich besuchten wir die berühmte Weltausstellung. Die ganze Welt tat dies. (...) Es war eine wundervolle Schau, aber die umherströmenden Massen an Besuchern waren eine noch wundervollere Schau. Mir wurde klar, daß ich auch nach einem Monat auf der Ausstellung immer noch die Menschen anstatt der leblosen Objekte betrachten würde. Ich betrachtete einige alte Wandteppiche aus dem 13. Jahrhundert, aber eine vorüberkommende Gruppe von Arabern mit ihren dunklen Gesichtern und wunderlichen Kostümen erregten sofort meine Aufmerksamkeit. Ich betrachtete einen Schwan aus Silber (...), aber in diesem Moment näherten sich einige tätowierte Südseeinsulaner und ich gab ihrer Anziehungskraft den Vorzug."[1]

Darüber hinaus war der Mensch aber auch selbst Ausstellungsobjekt: Sei es als nachgebildete Figurine, als exotisches, lebendes Inventar' verschiedenartigster Schaustellungen – besonders im Zeitalter des Kolonialismus – oder als folkloristische Staffage der Nationenpavillons und zahlreichen Vergnügungseinrichtungen.

1 Mark Twain: The Innocents Abroad or The New Pilgrim's Progress. Being some account of the steamship Quaker's City pleasure excursion to Europe and the Holy Land. New York/London 1911, S. 116f.

2. **Szenen, London 1851**

George Cruikshank war ein aufmerksamer Beobachter der „Great Exhibition". In zahlreichen Karikaturen hielt er das Treiben rund um die erste Weltausstellung der Geschichte mit spitzer Feder fest.

3. **„Besucher vom Lande", London 1851**

Die Londoner Weltausstellung markiert auch den Beginn des modernen Tourismus. Thomas Cook bot für moderate Preise Fahrten zur „Great Exhibition" an; er begründete damit seinen weltweiten Erfolg als Reiseunternehmer. Unzählige Neugierige – vor allem aus England – erhielten so die Gelegenheit, an dem Ereignis teilzunehmen. Festgehalten sind hier die staunenden Gesichter ländlicher Touristen beim Gang durch die Ausstellung.

4. **Indische Abteilung, London 1851**

Die indische Abteilung – eine der größten der Londoner Ausstellung – war ein Anziehungspunkt für Besucherinnen und Besucher aus der ganzen Welt. Diese Lithographie zeigt sie beim Betrachten des ausgestopften Elefanten und der exotischen Gegenständen.

5. **Einlassschranke, Paris 1855**

5.162.330 Personen passierten1855 an 185 Tagen die Einlassschranken der „Exposition universelle", die damit ähnlich erfolgreich wie ihre Vorgängerin in London war.

6. **Trachtentableau „Er liebt mich, er liebt mich nicht", Paris 1867**

Für Aufsehen sorgten in der schwedischen Abteilung 40 Trachtenpuppen, die verschiedene Szenen darstellten. Sie waren vor Panoramen aufgebaut, die nordeuropäische Landschaftsansichten oder Innenräume von Bauernhäusern darstellten. Die Gipsfiguren waren „so lebensnah modelliert, so täuschend nachgebildet, als ständen sie lebendig unter uns und spazierten mit uns umher"[2], meinte ein Besucher. Einige der Szenen waren Gemälden nachgestellt; die hier abgebildete bezog sich auf ein Werk des schwedischen Künstlers Wilhelm Wallander.

2 A. Ebeling: Die Wunder der Pariser Welt-Ausstellung. Köln 1867, S. 297.

7. **„Völkertypen auf der Ausstellung", Wien 1873**

Diese Abbildung in der „Illustrirten Zeitung" vermittelt eindrucksvoll das kosmopolitische Flair der Ausstellungen mit den dort versammelten „Völkertypen" aus aller Welt.

8. **Bedienung des „Steirischen Weinhauses", Wien 1873**

Personen in landestypischer Kleidung waren – und sind bis heute – Zugpferde gastronomischer Einrichtungen auf Weltausstellungen. Hier posiert in Wien 1873 eine Bedienung in der regionaltypischer Tracht der Steiermark.

9. Szene im „Internationalen Dorf", Wien 1873

In Wien war ein Ensemble von neun Bauernhäusern aus verschiedenen Regionen Österreich-Ungarns sowie dem Elsass und Russlands aufgebaut. Teilweise waren sie während der Ausstellung von „eingebornen Insassen"[3] bewohnt. Abgebildet ist hier das Bauernhaus aus Geidel in Oberungarn. Aus dem Fenster blickt der Bauer Andreas Steinhübel; er fungierte als „Hüter" des Gebäudes und führte den Besucherinnen und Besuchern zusammen mit Frau und Kind deren ländliche Lebensweise vor. Die Bauernhäuser des „Internationalen Dorfes" gelten als direkte Vorläufer des modernen Freilichtmuseums.

10. Besucher, Philadelphia 1876

„Negerfamilie beim Besuch der Ausstellung" wurde diese Karikatur betitelt. Sie vermittelt – sehr überzeichnet und mit chauvinistischem Unterton – die Faszination dieser Weltausstellung auf ihr Publikum.

3 Karl Julius Schröer: Das Bauernhaus mit seiner Einrichtung und seinem Geräthe (Gruppe XX.). In: General-Direction der Wiener Weltausstellung (Hg.): Officieller Ausstellungsbericht. Wien 1874, S. 66.

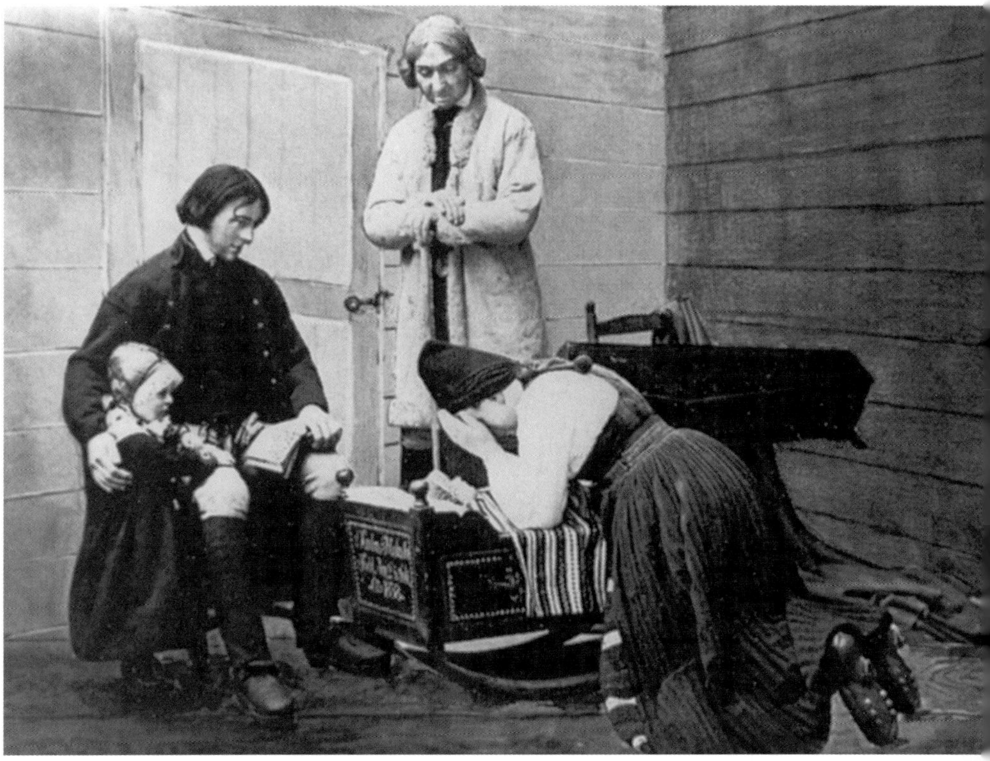

11. **Trachtentableau „Todesbett des kleinen Mädchens", Philadelphia 1876**

Die schon 1867 mit großem Erfolg präsentierten schwedischen Trachtenszenen in Verbindung mit gemalten Panoramen und ländlichen Gebrauchsgegenständen waren auch in Philadelphia zu besichtigen. Diese emotional anrührende Szene fußte wiederum auf dem Vorbild eines Gemäldes. Die Themen weiterer ‚dreidimensionaler Genregemälde' waren etwa „Der Heiratsantrag" oder „Die Überbringung des Hochzeitsgeschenks". Das Inszenierungskonzept fand schon bald den Weg in ethnographische Museen.

12. **Hindeloopen-Stube, Paris 1878**

Holland zeigte hier ein komplett eingerichtetes, betretbares Zimmer – die Bauernstube aus Hindeloopen, einem kleinen Städtchen an der westfriesischen Küste. „(Es) fesselt uns das Innere (...) mit ihren alten Möbeln und alten Geschirren über dem Kamin, der Wiege in der Ecke der Stube und der Amme mit ihrem Säugling im Arme"[4], berichtete ein Zeitgenosse. Die Hindeloopen-Stube ist ein prägnantes und frühes Beispiel für die Instrumentalisierung regionaler Volkskultur als Symbol nationaler Identität. Die Rekonstruktion von Bauernzimmern ist noch heute beliebtes Requisit von Volkskundemuseen und Heimatstuben.

4 Die Pariser Welt-Ausstellung 1878. Illustrirte von der Commission autorisirte deutsche Ausgabe Nr. 64, S. 503.

13. **„Rencontre insolite", Paris 1889**

In Paris wurden von der Kolonialmacht Frankreich ‚eingeborene Insassen' in der Art von Tieren im Zoo zur Schau gestellt. Hier ist die „ungewöhnliche Begegnung" eines westlichen Besuchers mit einer Bewohnerin des Kongo-Dorfes festgehalten.

14. Neukaledonisches Dorf, Paris 1889

Geheimnisvolle Götterfiguren, wilde Kriegstänze und fremde Lebensweisen: Die Betrachterinnen und Betrachter ließen sich im „Neukaledonischen Dorf" von einer perfekt inszenierten Mischung aus Exotik und Unterhaltung in ihren Bann ziehen.

15. Javanische Tanzgruppe, Paris 1889

Eine javanische Tanzgruppe posiert hier vor dem Publikum. Vom exotischen Klang ihrer Gamelan-Musik ließ sich nicht zuletzt ein berühmter Komponist inspirieren: Claude Debussy versuchte, die fremdländische Musik mit europäischen Mitteln, also dem Klavier, zu interpretieren. In seinem 1903 vollendeten Zyklus „Estampes" verarbeitete er musikalisch seine Weltausstellungseindrücke. Ein Stück daraus hat den bezeichnenden Titel „Pagoden".

16. **Orientalisches Ensemble, Paris 1889**

Die „Straße von Kairo" war seit Paris 1867 unentbehrlicher Bestandteil der Ausstellungen des 19. Jahrhunderts: „Gleich hinter der Barbiermoschee umtobt den Ausstellungsbesucher das überlaute Treiben des Orients. Man bleibt überrascht stehen, wenn man das Kreischen, Schreien und Rufen hört und man glaubt in ein Tollhaus gekommen zu sein (...)"[5], erinnert sich der Gast eines vergleichbaren Ensembles in Paris 1900.

5 Georg Malkowsky (Red.): Die Pariser Weltausstellung in Wort und Bild. Berlin 1900, S. 46.

17. **Einwohner aus Dahomey, Chicago 1893**

Den voyeuristischen Blicken ausgesetzt präsentiert sich hier eine Gruppe aus Dahomey, die während dieser Weltausstellung auf dem Gelände kampierte.

18. **Lappenlager, Chicago 1893**

Für die Dauer der Ausstellung wurden mehrere Lappen importiert, die in Chicago ihre traditionellen Lebensweisen vorführen sollten. Sie hatten freilich sehr unter den ungewohnten Temperaturen zu leiden: Die meisten ihrer mitgebrachten Schlittenhunde gingen ein.

19. „A Wales Beauty", Chicago 1893

Die Schönheit aus Wales war Teil der „International Dress and Costume Exhibit". Sie trat in einem Pavillon auf, in dem mehr als 40 Frauen aus allen Erdteilen vertreten waren: „die Polin mit hohen Stiefeln und weißer, pelzverbrämter Kassabaika, die Griechin im edlem, klassischem Gewand, die Ungarin mit farbigem Rock und bauschigen, reichbestickten Hemdärmeln, die Spanierin mit ihrer unerläßlichen Mantilla, die Tirolerin mit Spitzhut und Mieder, das blonde Mädchen aus dem Schwarzwald mit rothem Rock und schwarzen Haarbändern etc."[6]

20. „A swedish Beauty", Chicago 1893

Anliegen der privatwirtschaftlich organisierten Ausstellung war es, Angehörige verschiedener Nationalitäten in ihrer heimischen Tracht vorzustellen. Mit der tatsächlichen Herkunft der mitwirkenden Frauen nahm man es jedoch nicht sehr genau: „Die Mehrheit der Damen hört merkwürdigerweise sehr gut auf die Wiener Mundart, während, will man sie in der Sprache desjenigen Landes anreden, welches sie vertreten, fast ausnahmslos versagen"[7], meinte ein Besucher. Das vorwiegend männliche Publikum kam dennoch auf seine Kosten: „Hier Augen schwarz wie die Mitternacht oder blau wie der Tageshimmel, funkelnde Augen und schwärmerische Augen, hier Lippen wie halbgeöffnete Rosen, dort wieder – allein, wer könnte alle die Reize des weiblichen Geschlechts aufzählen?"[8]

6 Die Gartenlaube Nr. 44/1893, S. 749.
7 Ebd.
8 Unsere Weltausstellung. Eine Beschreibung der Columbischen Weltausstellung in Chicago, 1893. Chicago 1894, S. 418.

21, 22. **Eskimo-Dorf, Chicago 1893**

Der Junge und seine kleine Schwester waren Bestandteil des Eskimo-Dorfes auf der „Midway Plaisance". Die Bewohner führten hier das traditionelle Leben ihrer Heimat vor. Sogar ein Iglu war aufgebaut, der freilich im heißen Klima Chicagos nicht lange Bestand hatte.

23. Gondoliere, Chicago 1893

Das Publikum hatte in Chicago die Möglichkeit, die verschiedenen Ausstellungspaläste auch über künstlich angelegte Wasserbassins zu erreichen. Den Transport in original venezianischen Gondeln übernahmen importierte Gondoliere, von denen einer im offiziellen Ausstellungskatalog abgebildet ist.

24. Werbekarte von Keystone, Chicago 1893

Die Werbekarte einer US-amerikanischen Firma für landwirtschaftliche Maschinen verdeutlicht die entscheidende Motivation der Industrie für ihre Beteiligung an Weltausstellungen – den Absatz ihrer Produkte auf dem internationalen Markt. Zugleich wird hier aber auch die Zusammenkunft unterschiedlichster Völker der Welt versinnbildlicht.

25. **Fahrradfahrer, Antwerpen 1894**

Der eurozentristische Blick, der lange Zeit die Weltausstellungen dominiert hat, wird an diesem Beispiel besonders plastisch vor Augen geführt. „Es ist leicht, sie bei ihrem Stolz zu packen. Diese großen Kinder: Man sagt ihnen ‚So verhält sich der Weiße, imitiere ihn'"[9], lautet der Kommentar zu diesem Photo in der Zeitschrift „La Chronique". Hierzu wurde ein ‚Bewohner' des Kongo-Dorfes mit Frack und Melone ausstaffiert und – als Krönung der allgemeinen Belustigung – auf ein neumodisches Fahrrad gesetzt.

9 La Chronique, 29. Mai 1894.

26. **Weberinnen, Paris 1900**

In der schwedischen Abteilung konnte man Frauen in Tracht bei der Herstellung traditioneller skandinavischer Textilarbeiten zuschauen. Sie verkörperten in ihren pittoresken Trachten beim Publikum das traditonelle ‚Bild Schwedens im Kopf'.

27. Häuptling „Old Man noisy Thunder", St. Louis 1904

Indianer – wie hier der Häuptling »Lärmender Donner« 1904 in St. Louis – waren besonders beliebte ‚lebende Requisiten' der US-amerikanischen Weltausstellungen des 19. und beginnenden 20. Jahrhunderts.

28. Indianerparade 1904

Täglich vorgeführte Attraktion auf dem Weltausstellungsgelände war die Indianerparade – ein ‚Defilee der Geschlagenen', lagen doch die entscheidenden Schlachten zwischen den Ureinwohnern Nordamerikas und den europäischen Siedlern erst wenige Jahrzehnte zurück.

29. **Philippinische Tanzgruppe, St. Louis 1904**

Die leicht bekleideten ‚Eingeborenen' führten, beobachtet vom westlichen Publikum im Anzug und mit Melone, ihre traditionellen Tänze auf.

30. **Szene im philippinischen Dorf, St. Louis 1904**

Für viele Besucher eher abschreckend mutete ein Zeremoniell im philippinischen Dorf an; die ‚Bewohner' bereiteten hier ihr Festmahl zu – einen Hund, der anschließend über offenem Feuer gegrillt wurde.

31. **Blackfoot-Indianer, San Francisco 1915**

Eine traditionell gekleidete Gruppe vom Stamm der Blackfoot-Indianer aus Montana reiste zur Weltausstellung nach San Francisco mit diesem modernen Verkehrsmittel an. Sie führte auf dem Gelände erstmals außerhalb ihres Reservates Stammes- und Medizintänze auf.

32. **Samoanische Tanzgruppe, San Francisco 1915**

Im samoanischen Dorf demonstrierten ‚Eingeborene' die Herstellung von Schmuck aus Schildkrötenpanzern und Haifischzähnen. Auch exotische Tanzeinlagen waren zu sehen.

33. **Besuchermassen, New York 1939/40**

Die Anziehungskraft der Weltausstellungen auf ihr Publikum war auch im 20. Jahrhundert ungebrochen. Durch den rasanten Ausbau der Infrastruktur - noch 1893 erreichte ein Teil der russischen Ausstellungsabteilung verspätet Chicago, weil ein Schiff im Packeis festsaß -, war es nun auch dem Normalbürger möglich, an einer Weltausstellung teilzunehmen. Die „New York World's Fair" wurde von nahezu 45 Millionen Menschen besucht.

34. **Bayerische Trachtenkapelle, Sevilla 1992**

Das Kulturprogramm auf der Bühne des deutschen Pavillons wurde von den verschiedenen Bundesländern gestaltet. Hier unterhält eine original bayerische Trachtenkapelle das Weltausstellungspublikum. Im Restaurant konnte man Würstchen mit Sauerkraut und Bier zu sich nehmen.

35. **Tanzgruppe von Südseee-insulanern, Sevilla 1992**

Vor dem aus Holz, Bambusrohren und Schilf errichteten Pavillon der Südseeinseln wurden mehrmals täglich althergebrachte Tänze aufgeführt. Die Performance sorgte für großen Publikumszuspruch.

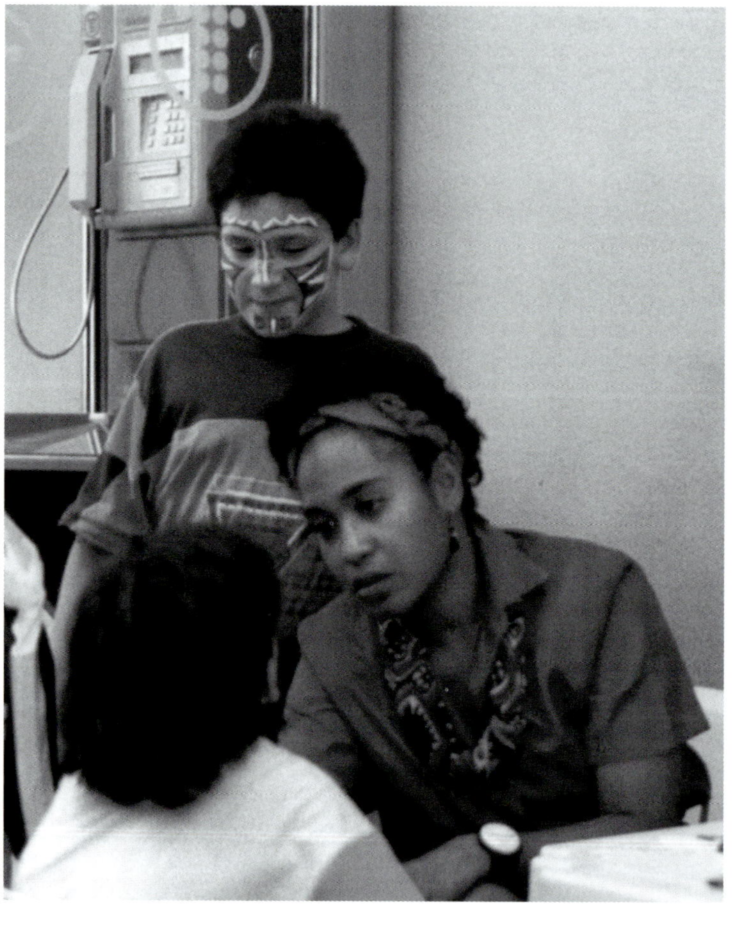

36. **Pavillon von Papua-Neuguinea, Sevilla 1992**

Die Begegnung unterschiedlicher Kulturen war ein entscheidendes Faszinosum der Weltausstellungen. Dies gilt bis in die Gegenwart: Vor dem Pavillon von Papua-Neuguinea bemalten Einheimische die Gesichter der Besucher mit traditionellen Farben und Ornamenten. Das Angebot war besonders von Kindern umlagert.

37. **Musikwagen, Sevilla 1992**

Dieser landestypische Reisebus war ein Bestandteil der Ausstellung Kolumbiens. Vergleichbare Gefährte – nebst der hier ebenfalls vollbepackten Ladefläche auf dem Dach – sind unverzichtbarer Bestandteil des Verkehrsnetzes in dem Andenstaat. Mit dem Bus konnte man sich, unterhalten durch traditionelle Musik aus Lautsprechern, über das Ausstellungsgelände kutschieren lassen.

1. Pontiac aus Plexiglas, New York 1939/40

DER FORTSCHRITT ALS FEST

Der optimistische Blick auf den technischen und industriellen Fortschritt prägte das Bild der Weltausstellungen bis weit ins 20. Jahrhundert.

Nicht von ungefähr war Jules Verne ein eifriger Besucher der Pariser Weltausstellungen. 1867 hatte er bereits fünf seiner technischen Abenteuerromane veröffentlich, für die er sich entscheidende Anregungen von diversen Ausstellungsabteilungen holte. So liest sich die Beschreibung des Baus des Unterseebootes Nautilus in seinem 1870 erschienenen Roman „20.000 lieues sous les mers" wie eine Zusammenfassung verschiedener Firmenkataloge: „Eins begreife ich nicht: wie haben Sie dieses Schiff bauen können, ohne daß es jemand gemerkt hat?", wird Kapitän Nemo gefragt: „Ich habe jedes seiner Einzelteile von einer anderen Firma unter einem anderen Namen bezogen, das ist das ganze Geheimnis. Der Kiel kommt von Creuzot, die Welle der Schraube von Pen & Co. in London, die Rumpfplatten von Leard in Liverpool, die Schraube von Scott in Glasgow, die Behälter von Cail & Co. in Paris, die Maschine von Krupp in Essen; der Schnabel kommt aus Schweden, die Instrumente aus den USA und so fort. Alle diese Teile sind schließlich in meiner Werkstätte auf einer einsamen Insel im Ozean gelandet. Dort haben meine Gefährten und ich unser Schiff zusammengebaut."[1]

Weltausstellungen sind also auch Laboratorien innovativer Ideen: Gerade die dort erstmals der Weltöffentlichkeit vorgeführten Erfindungen, welche die Lebenswelt entscheidend veränderten, prägen bis heute mit das Bild dieser Veranstaltungen. Auf diesen globalen ‚Think-Tank-Bühnen' wurden aber auch zahlreiche Produkte präsentiert, die sich auf dem Weltmarkt nicht durchsetzen konnten und deshalb rasch wieder in Vergessenheit gerieten.

1 Jules Verne: 20.000 Meilen unter dem Meer. Frankfurt a.M. 1968, S. 60f.

Darüber hinaus markierten im Dienste der Gesundheit und des zivilisatorischen Fortschritts präsentierten Neuerungen einen vielbeachteten Schwerpunkt auf den Weltausstellungen.

Auf Weltausstellungen präsentierte Neuigkeiten:

1851: Mähmaschine (2.)

vulkanisierter Kautschuk
Telegraf

1855: Aluminium

1862: Bessemerverfahren zur Stahlherstellung
Druckereimaschine

1867: Gasmotor
Anilinfarben
hydraulischer Aufzug (3.)

Stahlbeton

1876: Schreibmaschine
Telefon (4.)

Rasenmäher
Nähmaschine

1878: Eismaschine
elektrische Beleuchtung

1889: fonograf
Automobil (5.)

1893: rollender Fußweg
Radio
Reißverschluss

1900: Rolltreppe
Elektrolokomotive (6.)

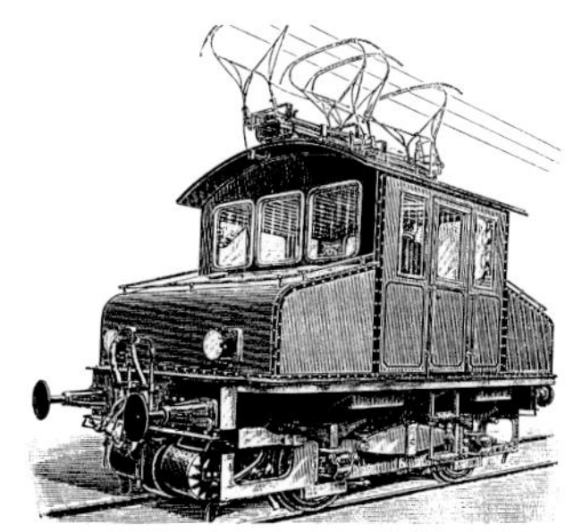

Heliogravüre

1904: Eistüte
Eistee

1933: Fernseher

1937: Roboter

1939: Nylon
Plastik
Bildtelefon (7.)
Klimaanlage
Farbfilm
Melkmaschine
Spülmaschine
Faxgerät
Brutkasten

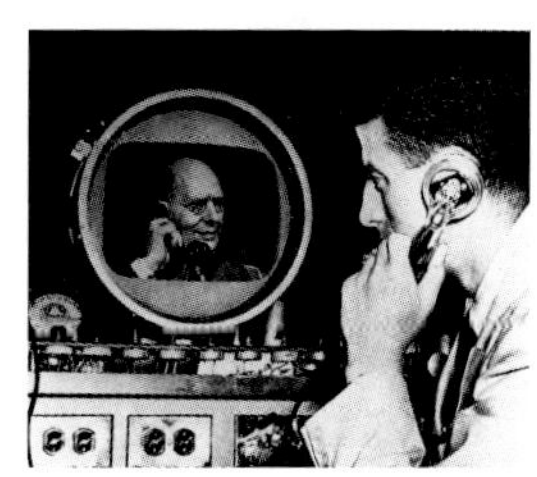

1958: Weltraumsatellit (8.)

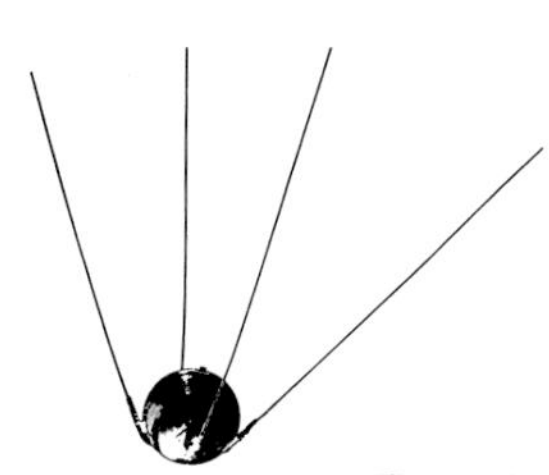

1962: Weltraumfahrt

1964: Kernfusion

9. **„All the World is Going to the Fair"**
London 1851

Schon zu Zeiten der ersten Weltausstellung in London wurden die Besucherinnen und Besucher mit einer zwangsläufigen Begleiterscheinung von Massenveranstaltungen konfrontiert - dem Verkehrsstau.
Der deutsche Journalist Lothar Bucher geriet am Eröffnungstag in diesen heute selbstverständlichen Bestandteil des alltäglichen Lebens, der sich am Leicester-Square abspielte: „Ueber diesen Platz (...) zogen sich zwei Wagenreihen, die eine nach Westen gewendet und haltend, die andere nach Osten in Bewegung. (...) Der Kopf der stehenden Wagenreihe mußte im Hydepark sein, die fahrende Reihe war der Schwanz, der irgendwo weit hinten sich gerade lenken sollte." [2]

10. **Dampflokomotive,**
London 1851

Eine der größten Attraktionen dieser Weltausstellung war die Präsentation von Dampflokomotiven. Die Express-Lok der „South Eastern Railway Co." war das am meisten bestaunte Beispiel des damals neuesten und schnellsten Verkehrsmittels.

[2] Lothar Bucher: Kulturhistorische Skizzen aus der Industrieausstellung aller Völker. Frankfurt a. M. 1851, S. 8.

11. **Arbeiterhäuser, London 1851**

Weltausstellungen präsentierten von Beginn an auch zukunftsweisende Lösungsvorschläge für soziale und gesellschaftliche Probleme. Im 19. Jahrhundert galt dies vor allem für die drängende Wohnungsnot. Schon 1851 wurden deshalb auf Initiative des Prinzen Albert die „Prince Albert Houses" vorgestellt – einfache Gebäude in Cottage-Bauweise, die als Musterwohnungen für die Arbeiterschaft gedacht waren.

12. **Aufzug, Paris 1867**

1867 wurde erstmals eine sogenannte „Menschenhebemaschine" eingesetzt, ein riesiger mechanischer Aufzug, mit dem das Publikum auf die Galerien und eine Panoramaplattform unter dem Dach des Ausstellungspalastes gelangen konnte. Schon wenige Jahrzehnte später war der Aufzug unverzichtbarer Bestandteil der ersten Wolkenkratzer.

13, 14. Modell des Suez-Kanals, Paris 1867

In Paris wurde das zu dieser Zeit die Welt bewegende Projekt des schließlich 1869 eingeweihten Suez-Kanals vorgestellt. In einem prunkvollen Pavillon präsentierte die Betreibergesellschaft ein riesiges Modell, das die technischen und architektonischen Details erläuterte.

15. **„Maison de 3.000 Francs“, Paris 1867**

Auf dieser Weltausstellung rückte man die soziale Frage in den Mittelpunkt der Ausstellungsplanung. Generalkommissar Frédéric Le Play installierte die Ausstellungsgruppe „Objets spécialement exposés en vue d'améliorer la condition physique et morale de la population“. Eine Unterabteilung hatte das Ziel, „zur Lösung der Wohnungsfrage mitzuwirken, um durch den Vergleich das dem praktischen Bedürfniß der arbeitenden Klassen Entsprechendste herauszufinden.“ [3] Auf dem Marsfeld wurde deshalb neben einem modellhaften Arbeiterhaus nach Plänen eines Pariser Arbeitervereins oder einem englischen Muster-Cottage das „Maison de 3.000 Francs“ des Architekten Stanislas Ferrand errichtet, das die Demonstration kostensparender Bauweisen zum Thema hatte.

3 Illustrirte Zeitung, 4. Mai 1867, S. 312.

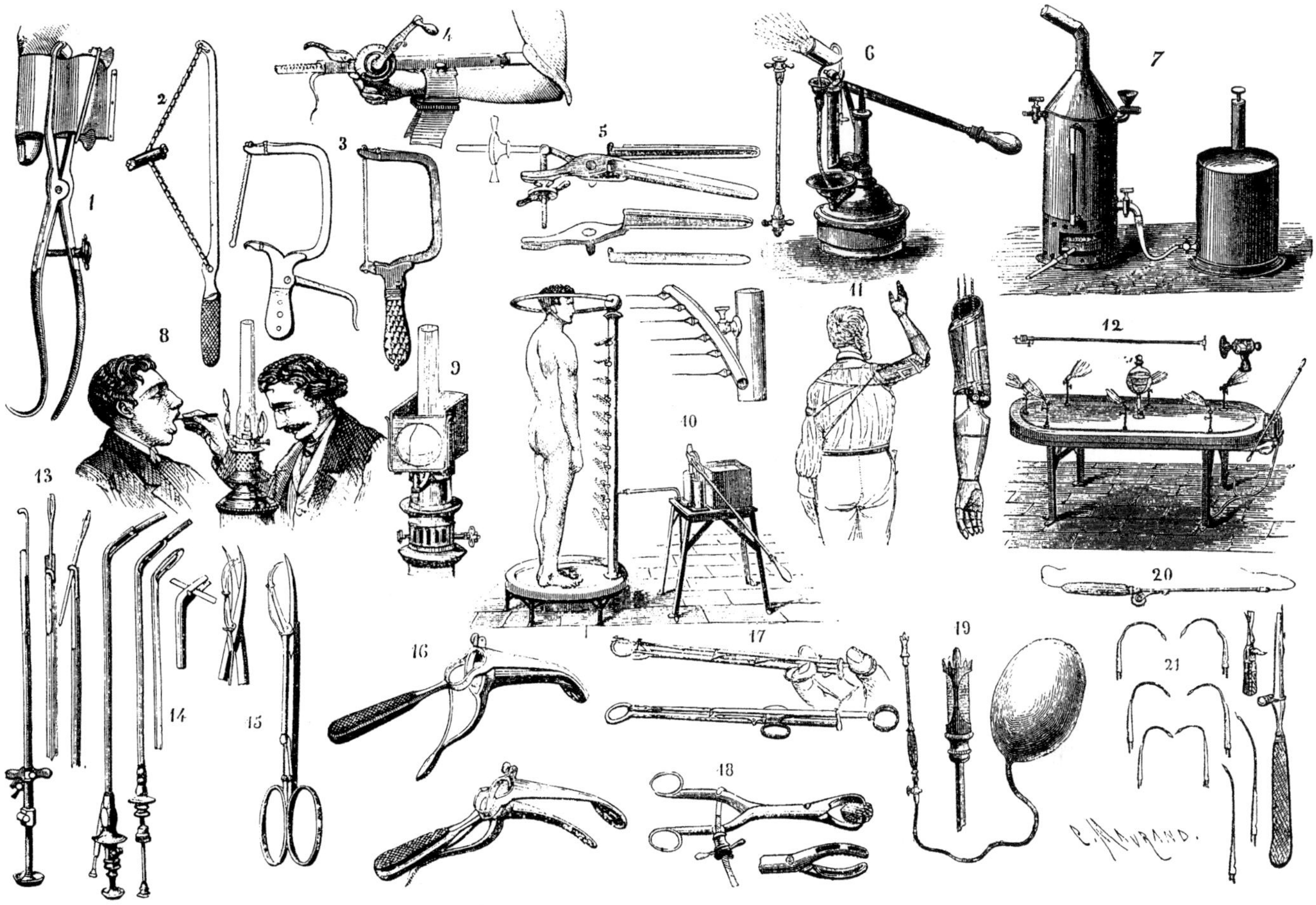

16. Chirurgische Instrumente, Paris 1867

Aufgrund zahlreicher kriegerischer Auseinandersetzungen erlebte die Chirurgie in der zweiten Hälfte des 19. Jahrhunderts einen gewaltigen Aufschwung. Ausdruck hierfür waren zahlreiche Neuerungen auf diesem Sektor. M. Mathieu erhielt für das hier abgebildete chirurgische Besteck die begehrte Goldmedaille.

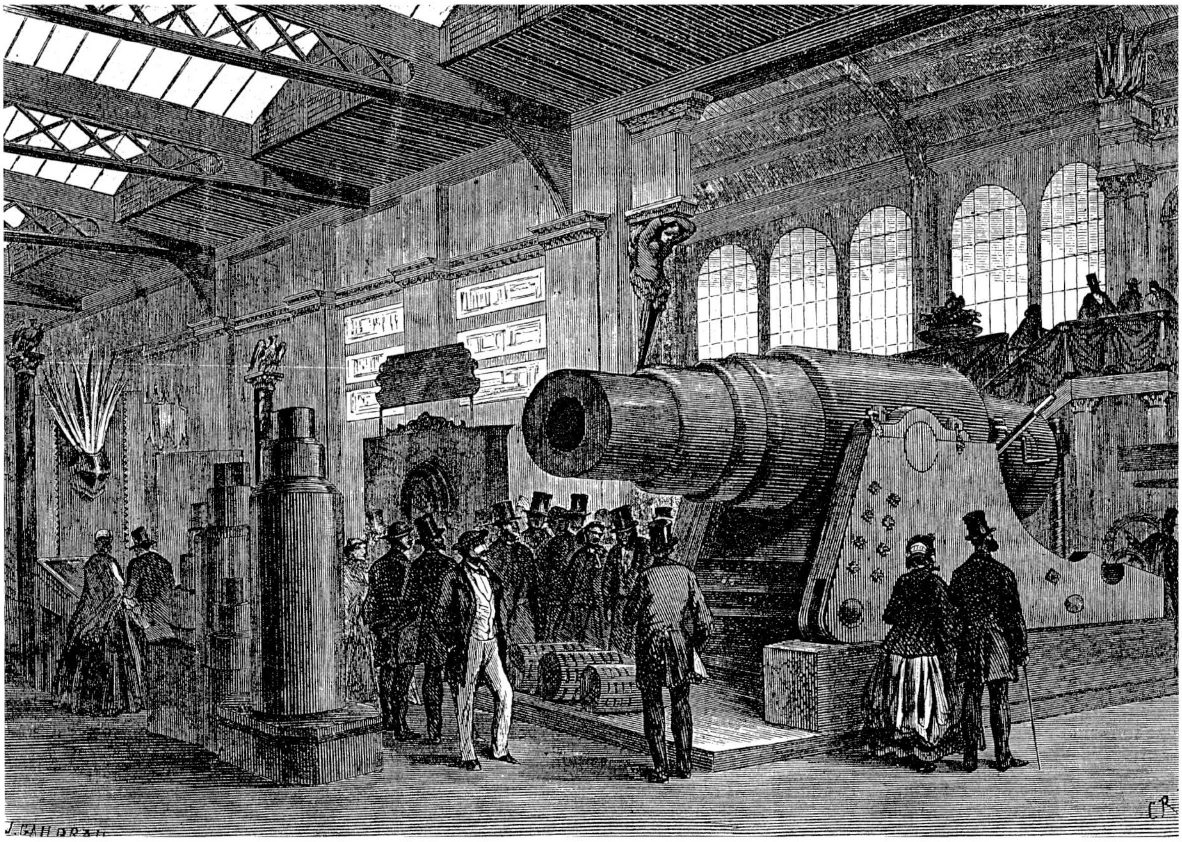

17. **Kanone von Krupp, Paris 1867**

Krupps Riesenkanone warb für das militärtechnische Know-how des Essener Unternehmens und war umlagerter Mittelpunkt der Abteilung des Deutschen Zollvereins. Ihre Leistungsfähigkeit stellte die Kanone schon drei Jahre später pikanterweise bei der Belagerung von Paris eindrucksvoll unter Beweis.

18. **Corliss-Dampfmaschine, Philadelphia 1876**

Ähnlich wie die Krupp-Kanone prägte die Dampfmaschine von George H. Corliss in Philadelphia das Bild der technischen Leistungsfähigkeit ihrer Zeit. Das Ungetüm mit einem Schwungrad von zehn Metern Durchmesser – die bis dahin größte und stärkste Konstruktion ihrer Art – hatte eine Leistung von 2.500 PS und setzte über Transmissionsriemen die meisten Maschinen der „Machinery Hall" in Gang.

19. **Telefon, Philadelphia 1876**

Zahlreiche wichtige Erfindungen wurden zwar nicht auf einer Weltausstellung zum ersten Mal vorgeführt, nutzten aber deren internationale Bühne zur publikumswirksamen Präsentation. Dies galt beispielsweise auch für Alexander Graham Bells Telefon, das in Philadelphia mit einer Goldmedaille ausgezeichnet wurde.

20. **Rasenmäher, Paris 1878**

Hobby-Gärtnerinnen und -gärtner erfuhren durch in den Paris erstmals vorgestellten Rasenmäher eine große Erleichterung ihrer Arbeit. Seine mechanische Variante hat sich seitdem kaum verändert.

21. **Parabolspiegel, Paris 1878**

Auf der Suche nach neuen Möglichkeiten der Energiegewinnung führte der französische Lehrer A. Mouchot in Paris 1878 einen drehbaren Parabolspiegel zur Nutzung der Sonnenenergie vor. Er besaß einen Durchmesser von vier Metern, in dessen Mittelpunkt sich Glasröhren mit kochendem Wasser befanden. Innerhalb von einer Viertelstunde stieg die Temperatur auf mehr als 150 Grad, das verdampfte Wasser gab einen Druck von fünf Atmosphären ab. Dennoch blieb dieser Erfindung der Erfolg versagt.

22. **Fonograf, Paris 1889**

Thomas Alva Edison präsentierte 1889 der staunenden Weltöffentlichkeit eine Erfindung, welche erstmals eine ständig verfügbare Wiedergabe des Klanges ermöglichte. Sprach oder musizierte man in einen Trichter, so wandelte eine Membran die Töne in Schwingungen um, die von einer Nadel auf eine Walze geritzt wurden. In Paris 1900 war der Fonograf ebenfalls ein Publikumsmagnet.

23. **Illumination des Eiffelturms, Paris 1889**

Schon auf der Pariser Ausstellung von 1889 wurde die Elektrizität gefeiert. Eine eindrucksvolle Demonstration dieser vergleichsweise neuen Energiequelle war die aufsehenerregende Illumination des Eiffelturmes.

24. Palais de l'Electricité, Paris 1900

Auch in Paris 1900 wurde dem elektrischen Strom als dem Sinnbild des Fortschritts gehuldigt: in dem märchenhaften, durch verschiedenfarbige Lichtquellen effektvoll beleuchteten Elektrizitätspalast. Dessen Mittelpunkt bildete ein opulenter Festsaal mit maurisch anmutenden Bogen- und Gewölbekonstruktionen, in zwei flankierenden Ausstellungshallen präsentierten die Nationen ihre Beiträge auf elektrotechnischem Gebiet. Dem Palast vorgelagert war das nicht minder exotisch wirkende „Chateau de l'Eau" mit seiner grottenartigen Architektur. Es diente der Bereitstellung der für die Erzeugung des Stroms benötigten Wassermassen.

25. **Französische Automobilabteilung, Paris 1900**

In Paris 1889 war mit großem Erfolg der gerade fertiggestellte Stahlradwagen von Gottlieb Daimler präsentiert worden. Auch das erste Automobil von Carl Benz, das er 1886 konstruiert hatte, war hier umlagert. Innerhalb kürzester Zeit wurde das Auto, wie auf dieser Abbildung von 1900 zu sehen ist, zu einem selbstverständlichen Gast auf den Weltausstellungen.

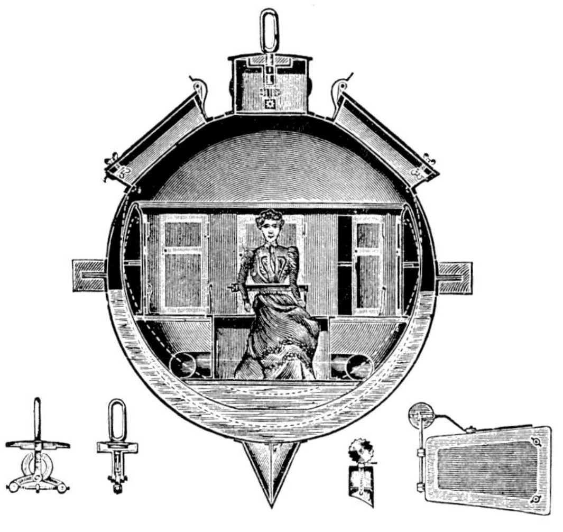

26. **Seenotrettungsapparat, Paris 1900**

Rudolf Bergfeld aus Elberfeld-Barmen stellte in Paris diesen „Rettungsapparat in Seenot" vor, welcher sich jedoch nicht durchsetzen konnte: „Er besteht aus 2 grossen Hohlkugeln aus Eisenblech, (...) von welcher sich eine in der andern befindet. (...) Eine Anzahl solcher Schwimmkörper können nach Meinung des Erfinders, welche durch Rechnungen erhärtet wird, durch ihre Schwimmkraft wohl das Versinken beschädigter Schiffe verhindern. Die Seekrankheit aber zu verhüten, vermag der Apparat, weil die innere Kugel von den Bewegungen des Schiffes nur die Vorwärtsbewegung und das Auf- und Absteigen übernimmt (...). Suchen also von Seekrankheit geplagte Personen den Apparat auf, so werden sie nur die ersten beiden Bewegungen verspüren und wahrscheinlich gesund bleiben"[4], meinte ein Fachbesucher.

27, 28. **Cinéorama, Paris 1900**

Auf einer riesigen Plattform, die der Gondel eines Ballons nachgebildet war, konnte das staunende Publikum eine virtuelle Reise in die Lüfte unternehmen. Möglich wurde dies durch zehn mittels einer Kurbel synchronisierte Filmkameras, welche die Projektionen einer Ballonfahrt auf die Wände eines polygonalen Saales mit 30 m Durchmesser warfen. Aufgrund der hohen Hitzeentwicklung der Projektoren wurde das Cinéorama jedoch schon nach der dritten Aufführung auf polizeiliche Anordnung hin geschlossen.

[4] Georg Malkowsky (Red.): Die Pariser Weltausstellung in Wort und Bild. Berlin 1900, S. 379.

29, 30. **„Trottoir Roulant", Paris 1900**

Eine der Attraktionen der Pariser Ausstellung von 1900 war ein elektrisch betriebener rollender Bürgersteig, der, auf Stützen gestellt, um das Ausstellungsgelände führte. Bis zu 3.000 Personen pro Stunde konnten so auf zwei unterschiedlich schnell laufenden hölzernen Bändern bequem die Attraktionen des weitläufigen Ausstellungsgeländes erreichen. Das neuartige Verkehrsmittel hatte aber für ungeübte Benutzer seine Tücken, wie es ein Ausstellungsführer beschrieb: „In tiefem Sinnen, von der Begierde getrieben, von der Angst gehindert, steht eine ältere Dame (...) auf dem festen Perron, lange zaudernd, um endlich mit kräftigem Entschluss – leider allzu kräftig – auf die Plattform zu springen. Aber der Sprung war zu energisch, sie fällt halb auf die schneller rotierende Bahn und während ihr Oberkörper mit einer Geschwindigkeit von acht Kilometern in der Stunde die Reise um die Ausstellung anzutreten sich schickt, folgen ihre unteren Extremitäten nur mit einer stündlichen Leistung von vier Kilometern, bis ein Herr, ein menschlich Rühren spürend, sie aus diesem Zwiespalt erlöst, indem er sie aufhebt."[5]

[5] Ebd., S. 170

31. **Luftschiff, Brüssel 1910**

„Noch vor fünf Jahren hätte niemand geglaubt, daß die Luftschiffahrt in so kurzer Zeit einen Faktor im öffentlichen Verkehrsleben bilden würde"[6], hieß es im deutschen Ausstellungskatalog. Dementsprechend waren in Brüssel zahlreiche Firmen präsent, die ihre Neuerungen auf dem Flugsektor vorstellten. Hier startet das lenkbare Luftschiff „Ville-de-Bruxelles" zu einem Demonstrationsflug.

32. **Plakat der „Panama-Pacific International Exposition, San Francisco 1915**

Die 81 km lange Verbindung zwischen dem Atlantischen und Pazifischen Ozean wurde 1914 fertiggestellt. Die grandiose Ingenieurbauleistung gab der ein Jahr danach veranstalteten „Panama-Pacific International Exposition" in San Francisco ihren Namen.

[6] Gottfried Stoffers (Hg.): Deutschland in Brüssel. Die Deutsche Abteilung der Weltausstellung. Köln 1910, S. 244.

33. **Modell des Panama-Kanals, San Francisco 1915**

Im Rahmen der Ausstellung war ein begehbares Modell des Kanals ausgestellt.

34. **Flugzeug, San Francisco 1915**

Der berühmte US-amerikanische Flieger Lincoln Beachey startete hier vom Weltausstellungsgelände aus zu einem Rundflug über die Bucht von San Francisco. Das vergleichsweise neuartige Fortbewegungsmittel war aber technisch noch nicht voll ausgereift: Beachey stürzte ab und starb.

35. **Fließband von Ford, San Francisco 1915**

Henry Ford führte im „Palace of Transportation" live die Fließbandarbeit vor, welche die Arbeitswelt revolutioniert hatte. Alle 10 Minuten verließ ein fertiger Ford Modell T die Halle; während der Dauer der Ausstellung wurden so 44.000 Autos produziert.

36. **„A Century of Progress", Chicago 1933/34**

In San Francisco wurde der zivilisatorische Fortschritt sogar zum Motto erhoben. Das hier propagierte „Jahrhundert des Fortschritts" erlebte aber schon während der Veranstaltung durch das Inferno des Zweiten Weltkrieges eine jähe Unterbrechung.

37, 38. **„Palais de l'Air", Paris 1937**

Robert und Sonia Delaunay erhielten zusammen mit weiteren Künstlern den Auftrag, u. a. den Luftfahrtpavillon in Paris 1937 zu gestalten. Ihre kraftvollen Malereien und die dynamische Innenarchitektur verdeutlichen auf eindrucksvolle Weise die bis heute ungebrochene Faszination des Fliegens.

39, 40. „Pavillon des Temps Nouveaux", Paris 1937

Der Architekt Le Corbusier, herausragender Vertreter der Moderne, hatte schon für die „Exposition Internationale des Arts Décoratifs" in Paris 1925 den vielbeachteten „Pavillon de l'Esprit Nouveau" konzipiert. 1937 errichtete er ein temporäres Gebäude, konstruiert aus leichten Stabtragwerken, die nach außen mit Seilen abgespannt waren. Die Außenhaut bestand aus Tuch in den Farben der Tricolore. In seiner konstruktiven Klarheit und Leichtigkeit stand der „Pavillon des Temps Nouveaux" in bewußtem Kontrast zu zahlreichen Gebäuden des Weltausstellungsgeländes. Im Inneren waren Ausstellungen zu Fragen der modernen Architektur und des Städtebaus zu sehen. Der leicht demontierbare Bau sollte nach Ende der „Exposition Internationale" an verschiedenen Orten erneut errichtet werden.

41. Rennwagen von Mercedes Benz, Paris 1937

Umlagerter Blickfang in der Halle des deutschen Pavillons war der stromlinienförmige Rennwagen von Mercedes-Benz. Er symbolisierte die technische Leistungsfähigkeit Nazi-Deutschlands.

42. **„Gläserner Mensch", Paris 1937**

Im Verlauf des 20. Jahrhunderts rückte die populäre Vermittlung der immer komplexeren medizinischen Erkenntnisse in den Vordergrund zahlreicher Abteilungen auf Weltausstellungen. So versuchte man beispielsweise 1937 in einer mikrobiologischen Abteilung diese Materie anschaulich und allgemein verständlich zu inszenieren. Ihr Clou war der „Gläserne Mensch", eine lebensgroße Puppe aus Plexiglas, die einen Einblick in den menschlichen Körper mit seinen Blutbahnen und Organen gab. Der „Gläserne Mensch" aus dem Dresdner Hygienemuseum wurde mit großem Erfolg auch auf der Weltausstellung in New York 1939/40 gezeigt.

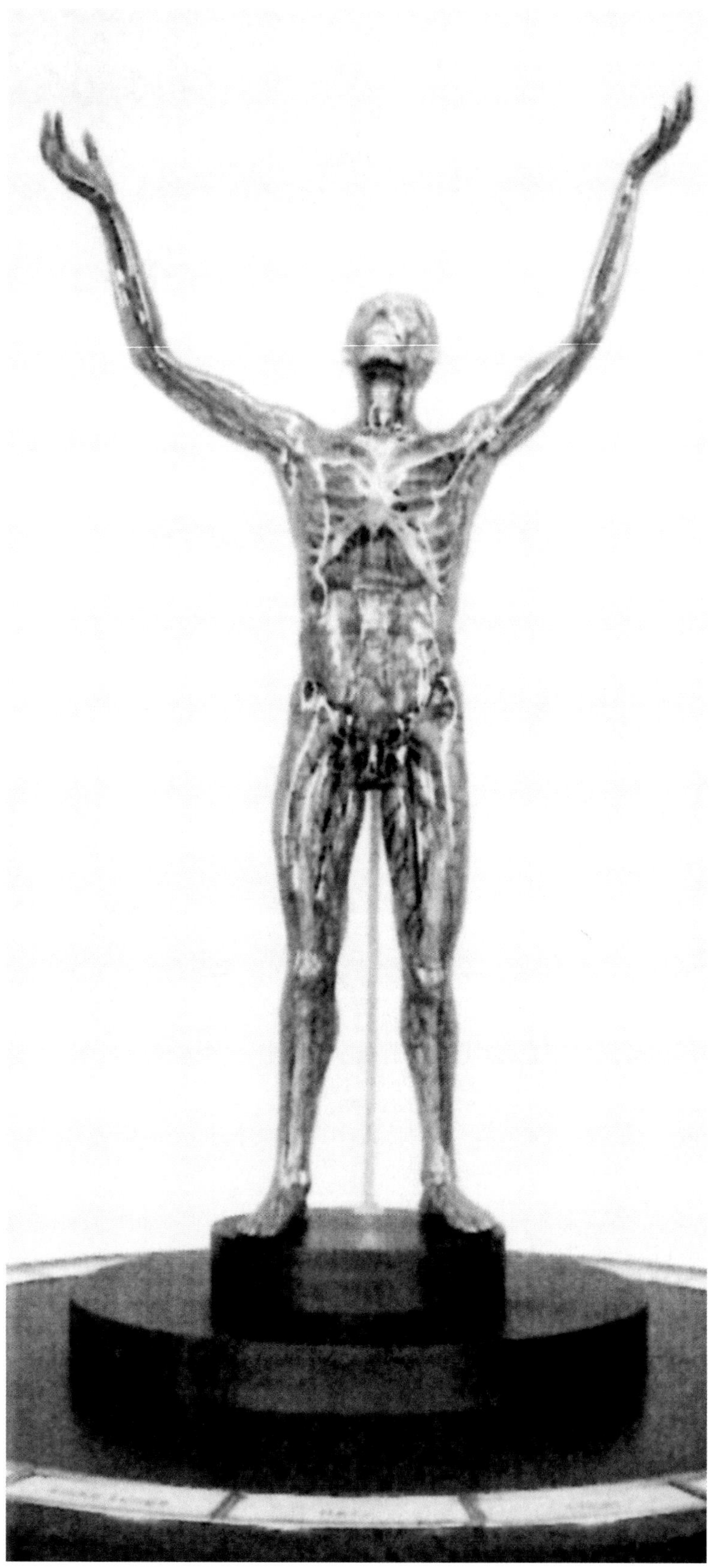

43. **Nylon, New York 1939/40**

Auch der Siegeszug der Kunstfaser nahm seinen Ausgangspunkt von einer Weltausstellung. In New York 1939/40 wurde im Pavillon von Du Pont das neu entdeckte Nylon vorgestellt. „Miss Chemistry" präsentierte sich von der Schulter bis zu den Füßen in modischer Kleidung, die ausschließlich aus dieser synthetischen Fasern bestand.

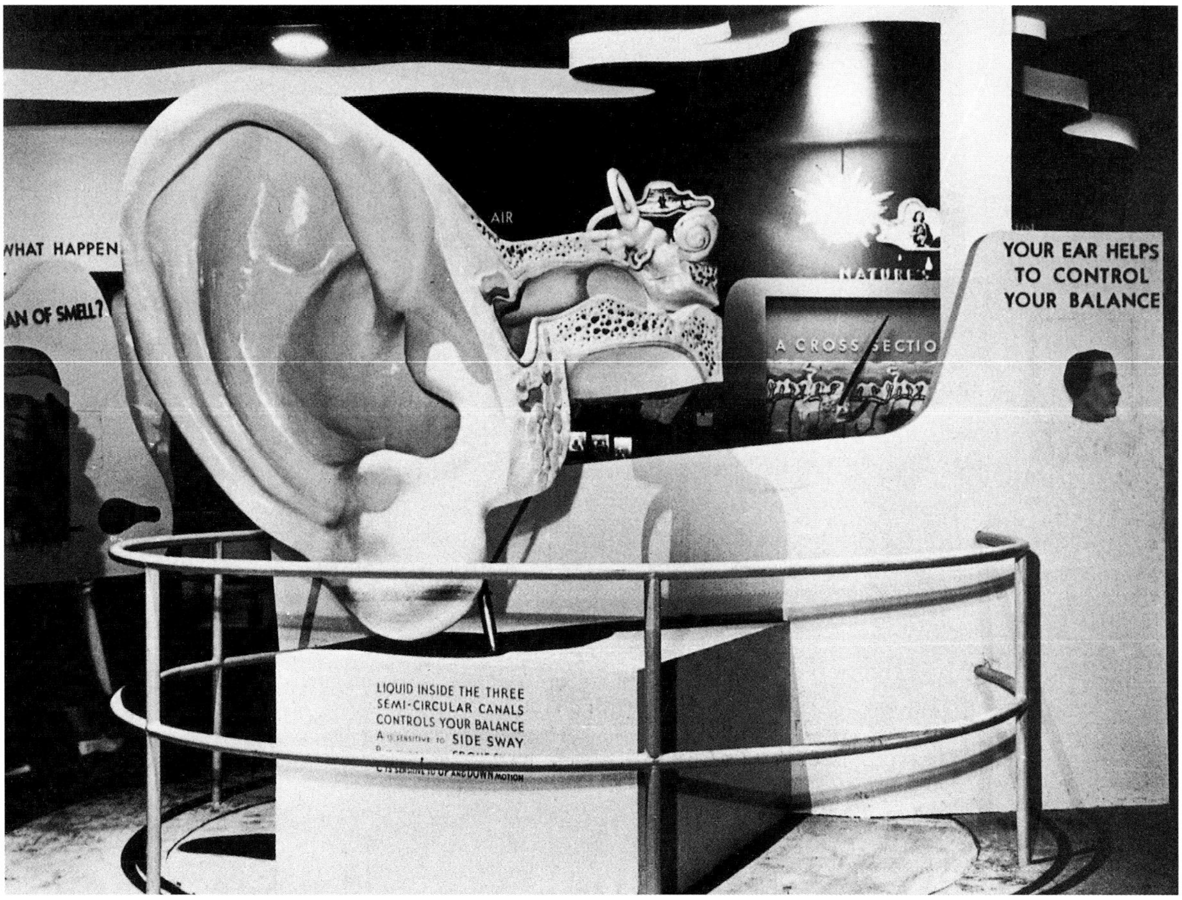

44. „Medicine and Public Health Building", New York 1939/40

In New York setzte man auf Aufklärung durch populäre Inszenierung von Wissenschaft. So wurde etwa in der „Hall of Science" durch den deutschen Biologen Erich Roemmert zusammen mit der Firma Zeiss ein „Mikrovivarium" installiert: Es bot die Möglichkeit, kleinste Lebewesen stark vergrößert auf Leinwände zu projizieren. Dadurch sollte das Bewusstsein für Bakterien und Viren in Zusammenhang mit der Gesundheitsfürsorge geschärft werden. Auf großes Interesse stieß auch die Vorführung menschlicher Organe im „Medicine and Public Health Building". Diese waren zu Anschauungszwecken überdimensional ausgeführt: „Ein riesiges Ohr, eine riesige Nase, mit ihren Kanälen und Ventilen und Knochenmarkszellen, alles den Blicken zugänglich - große rosa Plastikorgane, größer als ich. Das Auge war so groß, daß man hineingehen konnte! Man spazierte in dieses Auge hinein, blickte durch seine Linse, die sich veränderte, so daß man abwechselnd kurzsichtig und weitsichtig wurde. Davon wurde uns allen schwindlig." [7]

[7] Edgar Lawrence Doctorow: Weltausstellung. Reinbek 1995, S. 282.

45. **Ford, New York 1939/40**

Im Mittelpunkt des Ford-Pavillons befand sich das zehn Meter hohe „Ford Cycle of Production". Auf der sich langsam drehenden Basis von 30 m Durchmesser demonstrierten 87 Modellfiguren die verschiedenen Arbeitsvorgänge bis zur Fertigstellung eines Automobils.

46. **Ford-Ballett, New York 1939/40**

Eine weitere Attraktion von Ford war das Ballett „A Thousand Times Neigh“: Die Tanz-Show führte in mehreren Szenen auf höchst unterhaltsame Weise die Entwicklung des Automobils vor und pries damit die Autogesellschaft.

47. **Spülmaschine, New York 1939/40**

Die New Yorker Weltausstellung wartete mit zahlreichen Produkten auf, welche die Lebenswelt verändern sollten. Dies galt auch für den Haushalt. Im Westinghouse-Building wurden etwa die Vorzüge der Spülmaschine präsentiert. Hierzu fand der „Battle of the Centuries", ein Spülduell zwischen „Mrs. Drudge" und „Mrs. Modern", statt, bei der „Frau Arbeitstier" die klar Unterlegene war.

48. „Bildtelefon", New York 1939/40

„Im Gebäude der Radio Corporation of America, das die Form einer Vakuum-Radioröhre hatte, wurde uns (...) eine neue Erfindung (demonstriert), das Bildradio oder Fernsehen, wo sich auf schrägen Spiegeln über einem Empfänger tatsächlich Bilder von Leuten abzeichneten, die in Mikrophone sprachen, und dies im selben Moment, in dem sie irgendwo anders in der Stadt sprachen, nicht auf der Weltausstellung"[8], erinnerte sich E.L. Doctorow an die spektakuläre Inszenierung des Bildtelefons.

[8] Ebd., S. 283.

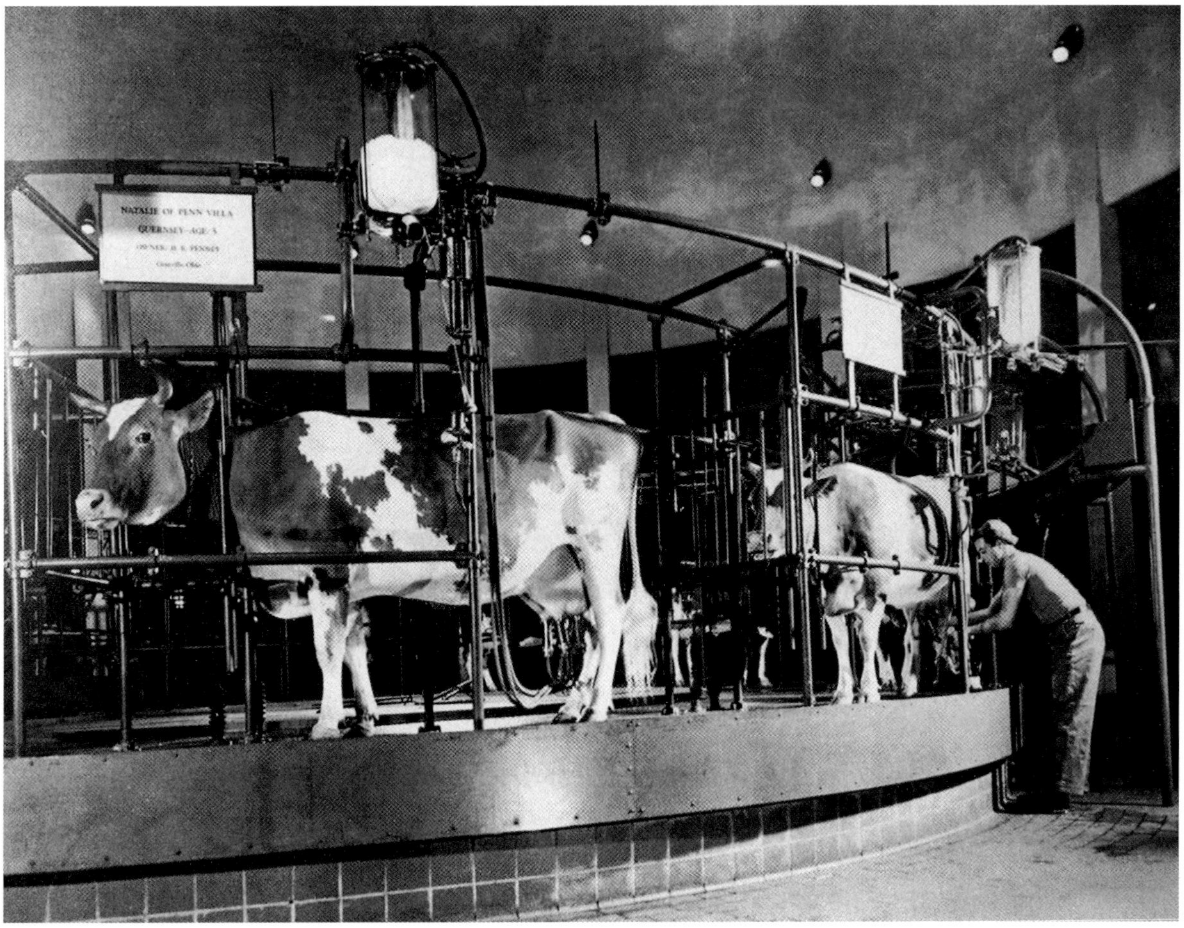

49. **Melkmaschine, New York 1939/40**

Eine wichtige Neuerung auf dem Agrarsektor stellte die automatische Melkmaschine dar: „Wir sahen eine rotierende Plattform, auf der echte Kühe von elektrischen Pumpen gemolken wurden, während sie an uns vorüberkamen. Daß sie von Maschinen gemolken werden mußten, während sie auf einer Plattform rotierten, stellte ich nicht in Frage. Ich dachte, das sei eine neue Erfindung; vielleicht verhinderte es, daß die Sahne nach oben stieg."[9]

[9] Ebd.

50. **Demonstration der Kernfusion, New York 1964/65**

Der „Progressland Pavilion" von General Electric zeigte erstmals eine öffentliche Demonstration der Kernfusion. Das Publikum konnte beobachteten, wie Quarzröhren mit Deuterium-Plasma gefüllt wurden; ein aktiviertes Magnetfeld setzte für den Bruchteil von Sekunden unter der Kuppel im Zentrum des Apparats eine große Zahl Neutronen frei. Die atomare Reaktion, bei der 55 Millionen Grad Celsius erzielt wurden, galt im Verständnis jener Zeit als bedeutender Schritt zur unbegrenzten und sicheren Versorgung der Menschheit mit Energie.

51. **Demonstration des menschlichen Hirns, New York 1964/65**

Im „Hall of Science Building" wurden die Funktion des menschlichen Hirns vorgeführt. Elektrische Lichtsignale entlang von Metallröhren, welche die Nervenbahnen darstellten, verkörperten die Verbindungen zwischen Hirn, Augen und Ohren. Demonstriert wurde unter anderem die Reaktionen des Hirns auf ein Musikstück: der Weg des Reizes, die Verarbeitung des Gehörten und der abschließende Befehl „Applaus".

52. **Amphibienfahrzeuge, New York 1964/65**

Eine vielbestaunte Attraktion der New Yorker „World's Fair" waren die „Amphicars". Mit ihnen konnte das Publikum Ausflüge auf den an das Ausstellungsgelände angrenzenden Lake Meadow unternehmen.

53, 54. **„Habitat", Montreal 1967**

Der Architekt Moshe Safdie konzipierte nach dem Baukastenprinzip einen aus Betonfertigteilen zusammengesetzten, zwölfgeschossigen Baukörper. „Habitat" war der Versuch, eine moderne, auf die individuellen Bedürfnisse der Bewohner zugeschnittenen Wohnanlage zu entwickeln. Ursprünglich war die Errichtung von 1.000 solcher Hauseinheiten mit 22 Stockwerken vorgesehen; zur Ausführung kamen schließlich 158 „Häuser", die aus 354 Einzelementen bestanden. „Habitat", das zu einem der Wahrzeichen dieser Weltausstellung wurde, ist noch heute eine bevorzugte Wohnadresse.

1. Blick in den deutschen Pavillon, Sevilla 1992

VISIONEN DER ZUKUNFT

Die Weltausstellungen als globale Experimentierbühnen hatten von jeher auch die Zukunft der Zivilisation zum Thema. Das Spektrum reichte hierbei von technischen Visionen, politischen Wunschvorstellungen bis zu gesellschaftlichen Utopien. Einheit der Menschheit, Nutzbarmachung der Erde und Entdeckung des Universums, Faszination der Mobilität - dies sind einige Aspekte, die auf Weltausstellungen publikumswirksam in Szene gesetzt wurden.

Vor allem mehrere Expositionen des 20. Jahrhunderts waren von diesen Ideen geprägt. Als eindrucksvolles Beispiel hierfür gilt die „World's Fair" von New York 1939/40 mit dem programmatischen Leitmotiv „The World of Tomorrow". Auf der Expo '58 in Brüssel war - als Reaktion auf die entfesselte Nukleartechnik im Zweiten Weltkrieg - jedoch erstmals ein Infragestellen des Zukunftsoptimismus zu beobachten: Als Titel wählte man „Der Mensch und der Fortschritt; Bilanz der Welt - für eine menschlichere Welt".

Auch die letzten Weltausstellungen - etwa Montreal 1967 („Terre des hommes"), Osaka 1970 („Human Progress in Harmony for Mankind") oder Sevilla 1992 („Zeitalter der Entdeckungen") - setzten sich mit Zukunftsthemen auseinander.

Diesen hat sich auch explizit die EXPO 2000 in Hannover verschrieben: Mit ihrem Motto „Mensch - Natur - Technik" verbindet sich das Ziel, Lösungen für die Probleme der Zivilisation im 21. Jahrhundert aufzuzeigen.

2. **Eröffnungszeremonie, London 1851**

Weltausstellungen hatten seit Anbeginn die Vorstellung, die für die Zukunft erträumte friedliche Vereinigung der Weltfamilie zu symbolisieren. Euphorisch bezeichnete man etwa die erste Weltausstellung in London, die durch Queen Victoria am 1. Mai 1851 in einer feierlichen Zeremonie eröffnet wurde, als „ersten Morgen nach der Schöpfung".[1] Ein Wunschgedanke, standen doch zahlreiche Veranstaltungen unter dem Eindruck kriegerischer Konflikte.

1 The Times, 2. Mai 1851.

3. Arbeiter beim Bau des Kristallpalastes, London 1851

Im Zuge der immer mehr ins öffentliche Bewusstsein drängenden sozialen Frage versuchte man auf den Weltausstellungen schon früh, die Arbeiterschaft in die bürgerliche Gesellschaft zu integrieren. In diesem Zusammenhang sind die Initiativen zu sehen, die Ausstellungen im Rahmen einer allgemeinen Gewerbe- und Industrieförderung zur Heranbildung einer qualifizierten industriellen Facharbeiterschaft zu nutzen. Hierzu wurden ausgewählte Gruppen von Handwerkern und Fabrikarbeitern zu Anschauungs- und Lehrzwecken auf die Expositionen gesandt; sie sollten dadurch in die bürgerliche Fortschrittsutopie eingebunden werden.

4. Amerikanische Arbeiter in der Ausstellung, Paris 1878

Die Arbeiterbewegung erhielt durch den hier möglichen Kontakt mit Gleichgesinnten wesentliche Impulse. Während der Londoner Weltausstellung von 1862 kam es etwa zu einer Zusammenkunft französischer und britischer Arbeitervertreter, die schließlich zwei Jahre später zur Gründung der „Internationalen Arbeiter-Association" führte. Auch die Pariser Weltausstellung von 1889 spielte für die Arbeiterbewegung eine zentrale Rolle: Anlässlich eines dort abgehaltenen Kongresses wurde beschlossen, im folgenden Jahr erstmals den 1. Mai als Festtag und Propagandaplattform für die Formulierung von Arbeiterrechten zu begehen.

5. **„Woman's Building", Chicago 1893**

Die aktive Beteiligung von Frauen auf den Weltausstellungen war marginal, die Expositionen können somit als ein Spiegelbild der patriarchalischen Gesellschaft interpretiert werden. Dennoch gab es mehrere Aktivitäten zur Propagierung der Emanzipation. Nachdem schon auf der „Centennial Exhibition" 1876 in Philadelphia ein „Woman's Pavilion" errichtet worden war, markierte die „World's Columbian Exposition" in Chicago 1893 den Höhepunkt der Selbstdarstellung von Frauen auf Weltausstellungen. Das „Woman's Department" war zum größten Teil im von der US-amerikanischen Architektin Sophia Hayden entworfenen „Woman's Building", einem repräsentativen Bau in Neorenaissance-Formen, untergebracht. Dessen bauplastische und bildnerische Ausschmückung stammte ebenfalls von Frauen.

6. **Loggia des „Woman's Building"**

Er diente zur Aufnahme „besonders hervorragender Frauenarbeiten auf wissenschaftlichem, künstlerischem und industriellem Gebiete"[2]. Die Vorsitzende des Organisationskomitees des „Woman's Department", Bertha Honoré Potter Palmer äußerte sich selbstbewusst: „Wichtiger als die Entdeckung Amerikas durch Columbus, die zu feiern wir hier zusammengekommen sind, ist die Tatsache, das die Regierung die Frau entdeckt hat"[3]. Die Frauenrechtlerin Susan B. Anthony wagte sogar die Behauptung, daß die sechsmonatige Präsentation des „Woman's Department" mehr bewirkt hätte als ein halbes Jahrhundert feministischer Aufklärung. Auch in Paris 1900 wurde ein „Frauenpalast" errichtet, der jedoch lediglich „als Ruhepunkt für die vom Schauen ermüdeten Frauen"[4] dienen sollte.

2 Amtlicher Bericht über die Weltausstellung in Chicago. Berlin 1894, Bd. 1, S. 221f.
3 Zit. n. Jeanne Madeline Weimann: A Temple to Woman's Genius. The Woman's Building of 1893. In: Chicago History Vol. 6, Spring 1977, S. 23
4 Hans Kraemer: Das XIX. Jahrhundert in Wort und Bild. Berlin/Leipzig/Stuttgart/Wien 1900, Bd. 4, S. 374.

7. **„World's Parliament of Religions", Chicago 1893**

Die Versammlung der Weltgemeinschaft begünstigte in besonderem Maße die Veranstaltung von Kongressen zu unterschiedlichsten Fragen der Zivilisation. So trat etwa im Rahmen der Chicagoer Weltausstellung das „Parliament of Religions" zusammen. Mit der Veranstaltung wurde der ambitionierte Anspruch verbunden, „Repräsentanten aller christlicher Kirchen, des Judentums, des Islam, des Buddhismus, des japanesischen Schinto-Kultus, des chinesischen Taoti, der japanischen Zen-Sekte, des indischen Jain, der Parsen und wie sie alle heißen mögen"[5] eine gemeinsame Diskussionsplattform zu bieten.

8. **„The World of Tomorrow", New York 1939/40**

Die New Yorker Weltausstellung wählte mit ihrem Motto „The World of Tomorrow" die Zukunft als Programm. Unter dem futuristischen Wahrzeichen „Trylon und Persiphere" entfaltete sich ein wahres Feuerwerk visionärer Ideen. Auch die „Century 21 Exposition" in Seattle 1962 trug einen demonstrativ zukunftsbezogenen Titel.

5 Der Religionskongress in Chicago. In: Die christliche Welt 7.1893, Sp. 1049.

9. **„Time Capsule", New York 1939/40**

Im Vorfeld der New Yorker Ausstellung von 1939/40 wurde vor dem Westinghouse-Building am 23. September 1938 die „Time Capsule" im Boden versenkt; sie soll erst im Jahr 6939 gehoben werden und dann ein charakteristisches Bild der USA von vor 5.000 Jahren vermitteln. In dem zylinderförmigen Metallkörper von 20 cm Durchmesser und 2,10 m Höhe verbarg sich die Botschaft der Menscheit von heute. für die Welt von morgen. Er nahm Gegenstände auf, welche die Zivilisation der 1930er Jahre repräsentieren sollten: Objekte des alltäglichen Gebrauchs, Textilien, Mineralien, Bücher, Geldmünzen, Mikrofilme von Texten, Reden oder Fahrpläne sowie Filmausschnitte. In der „Time Capsule" manifestierte sich eine zukunftsoptimistische Haltung, die ganz selbstverständlich davon ausging, daß in 5.000 Jahren noch jemand auf der Erde existieren würde, um die Kapsel auszugraben.

10. **„Democracity", New York 1939/40**

Die in dem kuppelartigen Gebäude der „Persiphere" inszenierte Show „Democracity" war das Herzstück der Ausstellung. Ein riesiges Modell, auf welches das Publikum von sich drehenden Balkonen herabsehen konnte, zeigte die multimediale Inszenierung einer demokratischen Stadt der Zukunft. Mit „Democracity" sollte der politisch-moralische Führungsanspruch der USA als Bollwerk gegen Kommunismus und Nationalsozialismus herausgestellt werden.

11.–14. **„Futurama", New York 1939/40**

Das von dem Designer Norman Bel Geddes konzipierte „Futurama" im General Motors-Pavillon führte den Besucherinnen und Besuchern das Modell der USA von 1960 vor. Diese stellte man sich als vom Menschen beherrschte Landschaft aus Wolkenkratzern und riesigen Highways vor. Die „City of 1960" zeichnete von heute aus betrachtet ein erstaunlich realistisches Bild der kommenden Verhältnisse: „Vor uns leuchtete eine ganze Welt auf, als flögen wir über sie hinweg, der phantastischste Anblick, den ich je erlebt hatte, eine ganze Stadt der Zukunft mit Wolkenkratzern und vierspurigen Schnellstraßen, auf denen in verschiedener Geschwindigkeit echte kleine Autos fuhren (...). In den Städten der Zukunft verbanden Fußgängerbrücken die Gebäude, und die Fahrbahnen verliefen tief darunter. Niemand würde in dieser futuristischen Welt überfahren werden. (...) Und dann kam der verblüffenden Schluß, man sah im Modell eine ganz bestimmte Straßenkreuzung, und die Vorstellung war vorbei, und mit einem ICH HABE DIE ZUKUNFT GESEHEN-Button in der Hand trat man hinaus in die Sonne und stand exakt an der Kreuzung, die man eben gesehen hatte, die Zukunft war genau da, wo man stand, und was klein gewesen war, war groß geworden(...)."[6]

[6] Edgar Lawrence Doctorow: Weltausstellung. Reinbek 1995, S. 279 ff.

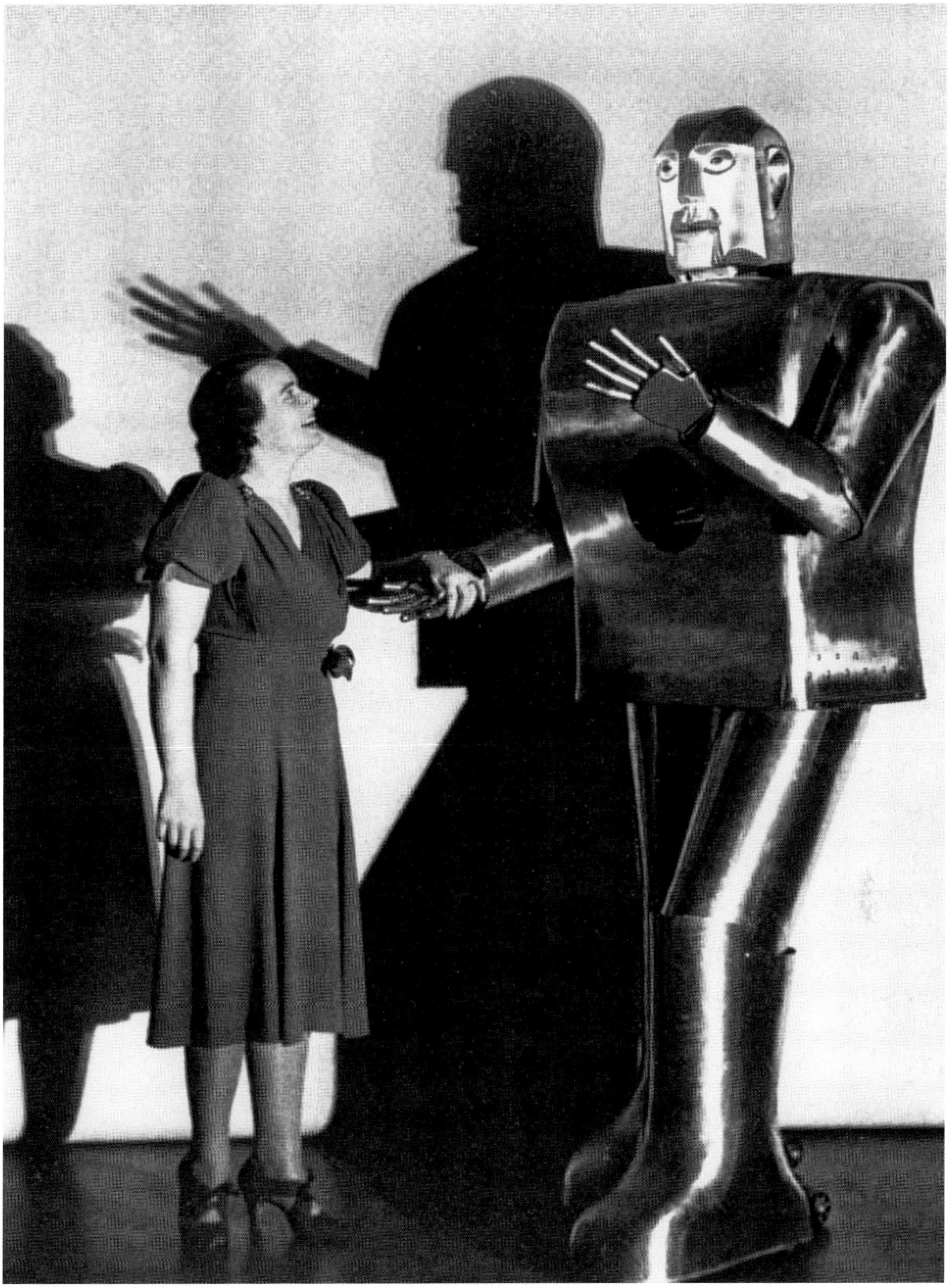

15. **Roboter, New York 1939/40**

Der 2,10 m große sprechende Roboter „Elektro" im Westinghouse-Building war der populärste Entertainer der Ausstellung. Die Maschine, die zeitweilig mit dem Roboterhund „Sparko" auftrat, unterhielt das Publikum mit Kunststücken wie dem Zählen seiner Finger oder mit Witzen.

16. **Sputnik, Brüssel 1958**

Ein Modell des „Sputnik", des ersten Satelliten, der die Erde am 4. Oktober 1957 umkreist hatte, war Attraktion dieser Weltausstellung. Modelle von Raketen und Düsenjägern versinnbildlichten zusätzlich den erhofften Aufbruch der Menschheit in eine neue Dimension: die Eroberung des Weltalls.

17. **„Time-Capsule", New York 1964/65**

Anlässlich der New Yorker Ausstellung von 1964/65 wurde wie schon 1938 eine „Time Capsule" zusammengestellt. Antibabypille, Polaroid-Kamera, elektrische Zahnbürste oder Beatles-Schallplatte: Auch hier war der Anspruch, die charakteristischen Gegenstände der Gegenwart für die Nachwelt aufzubewahren. Der Behälter wurde am 16. Oktober 1965 nach dem Ende der Weltausstellung nahe seines Vorgängers vergraben.

18. **„Rocketman", New York 1964/65**

Zu sehen ist hier der Pilot Robert Courter, der in der Musikshow „Wonder World" auftrat. Die Schubkraft seines Raketen-Rucksacks, für die US-Army entwickelt, erlaubte kurze Flüge bis zu 24 m Höhe und mit einer Geschwindigkeit von 100 km/h.

19. **„Stadt der Zukunft", New York 1964/65**

Wie schon 1939/40 hatte der Designer Norman Bel Geddes im Pavillon von General Motors ein „Futurama" errichtet. Nachdem sich die 1939 vorgestellten Visionen der dort präsentierten „City of 1960" weitgehend bewahrheitet hatten, wurden die Besucherinnen und Besucher hier ebenfalls durch mit Lautsprechern versehenen beweglichen Sesseln in die Zukunft versetzt. Vorgestellt wurden unter anderem Szenen wie „Reise zum Mond", „Leben unter dem Eis", „In der Wüste" sowie „Die Stadt der Zukunft". Besagte Stadt präsentierte sich als gigantomanische Mega-City mit „super-skycrapers" und endlosen Highways.

20. **„Visiting the Jungle", New York 1964/65**

Eine weitere Attraktion des „Futurama" war die Szene „Besuch des Dschungels". Vorgeführt wurde eine – aus heutiger Sicht bedrückende – Vision der Unterwerfung der Natur durch den Menschen. Der „jungle-road-builder", ein riesiges atomgetriebenes Fahrzeug, rodete den Urwald und verwandelte die frei gewordene Fläche in eine befestigte Straße. Ihm voran fuhr eine automatische Baumfällmaschine, die mittels einer Laserkanone im Weg stehende Bäume beseitigte.

21. **Unterwasser-Hotel, New York 1964/65**

Den Visionen der Nutzbarmachung des Planeten waren im General-Motors-Futurama keine Grenzen gesetzt. Auch der Meeresboden war als zukünftiger Lebensraum des Menschen vorgesehen. Vorgestellt wird hier das Modell eines Unterwasser-Hotels.

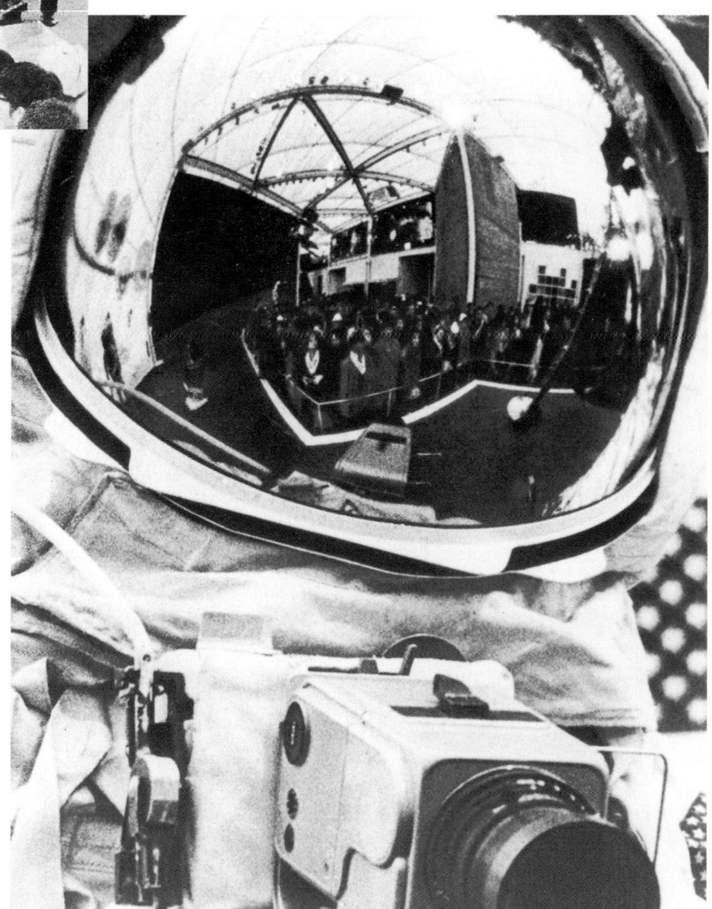

22, 23. **Apollo-Raumkapsel und Astronauten, Osaka 1970**

Die USA präsentierten hier ihren Sieg beim Wettstreit mit der UdSSR um die erste Mondlandung: Apollo-Kapsel und Mondrakete; auch die Astronauten waren persönlich anwesend. Die Mission galt als erster Schritt für weitere – damals in absehbarer Zeit fest eingeplante – bemannte Entdeckungsreisen ins Weltall.

24. **Themenpark, Hannover 2000: „Basic Needs"**

Der Themenpark der EXPO 2000 ist in fünf Ausstellungshallen auf 100.000 qm Fläche untergebracht. Er hat den Anspruch, Ideen und Lösungen für das zukünftige Zusammenleben der Menschheit im Einklang mit der Natur vorzustellen. Gezeigt werden, von renommierten Szenographen effektvoll präsentiert, insgesamt elf Bereiche: „Die Zukunft der Arbeit", Mobilität", „Zukunft Gesundheit", „Energie", „Ernährung", „Das 21. Jahrhundert", „Planet of Visions", „Basic Needs", „Umwelt: Landschaft, Klima", „Der Mensch" sowie „Wissen, Information, Kommunikation". Ein Element der von Rajeev Sethi gestalteten Abteilung „Basic Needs" ist die „Toy Box". Dort setzen Kunsthandwerker Ideen aus weltweiten Projekten zum Thema Wasser und Luft in Spielzeug um.

26. **Themenpark, Hannover 2000: „Planet of Visions"**

Ein weiterer Bereich des Themenparks ist der „Planet of Visions" von François Schulten/Bleu Lumière"; er visualisiert, wie vergangene und gegenwärtige Zukunftsvorstellungen die Menscheit beschäftigt und beeinflusst haben. Das Publikum betritt den „Planet of Visions" durch die Seiten eines aufgeschlagenen Buches, Sinnbild des Bewahrers kulturellen Erbes und Vermittler von Visionen und Phantasien. Das Zentrum der Abteilung bildet das „Panorama der Utopien" mit einem riesigen Luftschiff als Symbol für die Menschheitsträume vom Reisen, Fliegen und Entdecken.

25. **Themenpark, Hannover 2000: „Das 21. Jahrhundert"**

Diese von Hélène Robert mit Atelier 21 gestaltete Sektion des Themenparks stellt verschiedene Szenarien der Welt und des Alltags der Menschen von Morgen vor. Ein Gestaltungsentwurf präsentiert beispielsweise eine integrierte Verkehrsstation als Modell für die Lösung von Umwelt- und Transportproblemen in der brasilianischen Metropole São Paulo.

1. Nachtwächter in „Alt-Wien", Chicago 1893

DER BLICK ZURÜCK

Fortschrittseuphorie, Übertreibung und Megalomanie sind für die Weltausstellungen ebenso typisch wie Rückwärtsgewandtheit, Sentimentalität und Reflexion über die Geschichte der Menschheit. Die innovative Ausrichtung dieser Unternehmungen forderte geradezu dazu heraus, sich auch mit der Vergangenheit auseinanderzusetzen: Was konnte eindrucksvoller den aktuellen Stand der Entwicklung verdeutlichen als der Vergleich zwischen Einst und Jetzt?

Die publikumswirksam präsentierten Errungenschaften des Fortschritts, welche eine stetige Neuorientierung der Lebenswelt bewirkten, weckten aber bei zahlreichen Besucherinnen und Besuchern Zukunftsängste, die man hier gleichfalls thematisierte. Dies manifestierte sich im Rückzug in die Vergangenheit: Tradition wurde als ruhendes Widerlager der Moderne inszeniert: In diesem Zusammenhang wurde auch der Religion eine wichtige Rolle zugewiesen.

Besonders die historischen Architekturensembles und ethnographischen Dörfer, die im 19. Jahrhundert sogar als „unentbehrliche Requisiten"[1] von Weltausstellungen betrachtet wurden, befriedigten die romantisch-verklärte Sehnsucht nach der ‚guten alten Zeit'. Die zumeist privatwirtschaftlichen Unternehmungen hatten zwar in erster Linie das Ziel, den Bedürfnissen des Publikums nach Unterhaltung und Konsum zu genügen. Sie hatten mitunter jedoch auch einen wissenschaftlichen Anspruch: Die Ensembles des 19. Jahrhunderts gelten etwa als entscheidende Wegweiser der im Entstehen begriffenen Forschungsdisziplinen Ethnologie und Volkskunde.

1 Industrieausstellungen von 1896. In: Mittheilungen des k.k. oesterreichischen Museums für Kunst und Industrie Nr. 130/1896, S. 198-202; hier S. 199.

2. **„Mediaeval Court", London 1851**

Der englische Architekt und Schriftsteller Augustus Welby Northmore Pugin richtete im Kristallpalast den „Mediaeval Court" ein. Pugin, bekanntester Repräsentant der in jener Zeit populären Architektur- und Kunstströmung des „Gothic Revival", führte dort in malerischer Inszenierung von ihm entworfene kunsthandwerkliche Gegenstände und Architekturelemente in gotisierenden Formen vor.

3. „Haus von Gustav Wasa", Paris 1867

Das mit Holzschindeln verkleidete, moosgedeckte Häuschen befand sich im „Quart allemand" des Marsfeldes. Es war die idealisierte Kopie eines Gebäudes aus Ornäs in der schwedischen Provinz Dalarna; in diesem hatte sich der Überlieferung nach der Nationalheld Gustav Wasa vor den Verfolgungen der Dänen verborgen, bevor er sie an der Spitze eines Heeres besiegte und schließlich 1523 zum König gekrönt wurde. Das schlichte Bauernhaus fungierte somit als eine Art schwedisches Nationaldenkmal.

MUSÉE RÉTROSPECTIF. — GALERIE DU TRAVAIL. — Dessin de M. Lancelot.

4. „Histoire du Travail", Paris 1867

Die Abteilung, Bestandteil der offiziellen Klassifikation, befand sich im Zentrum des Ausstellungspalastes; dies verdeutlichte die herausragende Stellung, die man der Geschichte der Arbeit von Seiten der Organisatoren beigemessen hatte. Zu besichtigen waren Objekte von der Steinzeit bis zum Jahr 1800. Sie sollten die kulturelle Entwicklungsgeschichte der Menschheit vorführen; das Spektrum reichte hierbei von Werken der bildenden Kunst und des Kunsthandwerks bis zu Möbeln und Gebrauchsgütern. Ziel war eine Schärfung des historischen Bewusstseins: Durch den „Vergleich des Alten und des Neuen" wollte man „die Leistungen der Vergangenheit erkennen" ,so ein Zeitgenosse. Die „Histoire du Travail"[2] fand inhaltliche Nachfolgerinnen auf mehreren Weltausstellungen.

2 Jacob Falke: Die Kunstindustrie der Gegenwart. Studien auf der Pariser Weltausstellung im Jahre 1867. Leipzig 1868, S. 266

5. „Maurischer Kiosk", Paris 1867

Auf dem Marsfeld, das den zentralen Ausstellungspalast umgab, waren Nachbildungen von Gebäuden aus unterschiedlichsten Kulturen aufgebaut. Der „Maurische Kiosk" mit seiner märchenhaft-orientalischen Architektur verzückte zahlreiche Zeitgenossen, darunter auch den bayerischen König Ludwig II. Er ließ den Bau anschließend in den Park seines Schlosses Linderhof translozieren, wo er noch heute zu besichtigen ist.

TEMPLE DE PHARAON. — M. Drevet, architecte.

6. **Tempel von Edfu, Paris 1867**

Ein weiterer umlagerter Bau auf dem Marsfeld war die Nachbildung des Tempels von Edfu, der ein Museum zur Kultur des alten Ägypten aufnahm.

7. **Nachbildung römischer Katakomben, Paris 1867**

Auf dem Marsfeld war auch der Vatikan mit zwei Schaustellungen vertreten. Neben einer „Exposition des États Ponificaux" erregte vor allem die Nachbildung römischer Katakomben die Aufmerksamkeit des Publikums. Hier wurde „avec une trop saisissante vérité le morne et lugubre aspect d'une hypogée funéraire"[3] inszeniert. Man hatte dazu einige - allerdings etwas kulissenhaft wirkende - unterirdische Gänge nachgestellt, in denen sich die ersten Christen vor der Verfolgung durch den römischen Staat verborgen hatten.

[3] Francois Ducuing (Hg.): L'Exposition universelle de 1867 illustrée. Paris 1868, Bd. 2, S. 235.

8. Siebenbürgisch-sächsisches Bauernhaus des „Internationalen Dorfs", Wien 1873

Die Ausstellungssektion 20 „Das Bauernhaus mit seiner Einrichtung und seinen Geräthen" hatte den Anspruch, „auf den Bauernstand und seinen Fortschritt einzuwirken"[4] und somit Anregungen für die in Umwälzung begriffenen ländlichen Produktionsformen zu liefern. Die errichteten neun Gebäude ließen jedoch die von den Ausstellungsplanern intendierte innovative Ausrichtung vermissen. So bot etwa das Bauernhaus aus Michelsberg Anlass für eine romantisierend-verklärte Darstellung des siebenbürgisch-sächsischen Bauernstandes: „(...) dort raucht der Bauer sein Pfeifchen (...), die Bäuerin sitzt da mit der Nachbarin im Gespräche und die Bauerntochter pflegt (...) die Blumen, mit denen sie sich Sonntags gerne zum Tanze schmückt."[5] Das Bauernhaus war während der Dauer der Ausstellung von „eingeborenen Insassen"[6] bewohnt: dem Bauern Johann Krafft, seiner Frau Anna und ihrer dreijährigen Tochter Anna, die auf diesem Stich vor dem Haus posieren.

4 Publication der General-Direction Nr. 5: Weltausstellung in Wien. Special-Programm für die Gruppe 20. Das Bauernhaus mit seiner Einrichtung und seinen Geräthen. Wien 1871, S. 1.
5 Allgemeine Illustrirte Weltausstellungs-Zeitung Bd. 4/1873, Nr. 8, S. 121.
6 Karl Julius Schröer: Das Bauernhaus mit seiner Einrichtung und seinem Geräthe (Gruppe XX.). In: General-Direction der Wiener Weltausstellung (Hg.): Officieller Ausstellungs-Bericht. Wien 1874, S. 24

9. **Nachbildung der Bastille, Paris 1889**

Zum ersten Mal auf einer Weltausstellung wurde 1889 die exakte - wenn auch verkleinerte - Rekonstruktion eines historischen Ensembles errichtet: das Quartier der Bastille. Es bezog sich auf das Motto dieser Weltausstellung, die Hundertjahrfeier der durch die Erstürmung des Gefängnisses eingeleiteten Französischen Revolution. Im Unterschied zum Original beinhaltete die „Bastille" von 1889 einen Festsaal für Konzerte und Theaterveranstaltungen. Sie wurde durch historische Nachbildungen der Rue Saint-Antoine, einer Klosterkirche der Salesianerinnen und eines Herzogspalasts aus dem 17. Jahrhundert ergänzt.

10. **„L'Histoire de l'habitation humaine": Byzantinische und russische Architektur, Paris 1889**

11. Ansichten der „Histoire de l'habitation humaine"

Das Ensemble war Bestandteil des offiziellen Ausstellungsprogramms. Charles Garnier, Architekt der Pariser Oper, konzipierte am Fuße des Eiffelturms ein ‚Freilichtmuseum der Menschheitsarchitektur'. 44 Gebäude sollten anhand von Beispielen aus Altägypten bis zur Renaissance die Entwicklungsgeschichte des Wohnens nachzeichnen. Bei der Konzeption legte Garnier großen Wert auf eine möglichst authentische Wiedergabe der einzelnen Gebäude; aus Kostengründen wurden sie jedoch in verkleinertem Maßstab ausgeführt.

12. Zeitgenössische Karikatur von Charles Garnier

Auch die Inneneinrichtung und das Leben der ehemaligen Bewohnerinnen und Bewohner wollte er möglichst naturgetreu darstellen. Wo sich jedoch keine exakten Quellen nachweisen ließen, war es für Garnier legitim, von der „eigenen Phantasie getragen"[7] zu werden.

7 Illustrirte Zeitung, 10. August 1889, S. 143.

13. „Exposition rétrospective du travail", Paris 1889

Die Abteilung hatte das Ziel, anhand von Beispielen verschiedener Epochen und Kulturen die Entwicklung des Handwerks zu präsentieren. Hierzu inszenierte man komplexe Interieurs, in denen Wachsfiguren bei der Ausübung von handwerklichen Tätigkeiten dargestellt wurden. Zu sehen war etwa eine Textilwerkstatt aus dem alten Ägypten oder das komplett eingerichtete Atelier eines Tischlers aus dem 18. Jahrhundert. Die hier abgebildete Szene zeigt eine – von hellenistischen Vasen inspirierte – griechische Töpferwerkstatt.

Dégustation du Cacao Van Houten (intérieur).

14. Kakao-Ausschank von Van Houten, Paris 1889

Der Zauber der Vergangenheit wurde des öfteren als kommerzielles Zugpferd eingesetzt. Beispiel hierfür war die Restauration des Kakao-Herstellers Van Houten. Das Interieur war im Stil des 17. Jahrhunderts gestaltet, die Serviererinnen empfingen die Besucherinnen und Besucher in Tracht. Der Kakao-Ausschank ist somit ein frühes Beispiel der Erlebnisgastronomie.

15. **„Irisches Dorf", Chicago 1893**

Die auf zahlreichen Weltaustellungen errichteten historischen Architekturensembles dienten nicht selten der Demonstration nationaler Identität. Dies galt etwa für das „Irische Dorf" in Chicago. Man erreichte es über ein Eingangstor, das dem Portal von König Cornacs Kapelle auf dem Rock of Cashel nachempfunden war. Den Blickfang bildete die Nachbildung des mächtigen Baukörpers von Blarney Castle. Als weitere Rekonstruktion eines berühmten irischen Baudenkmals war ein Teil der Klosteranlage der Abtei Muckross zu besichtigen; 13 typische ländliche Cottage-Bauten komplettierten das Ensemble. Irland, das erst 1922 – bis auf seine Nordprovinzen – von Großbritannien unabhängig wurde, präsentierte über das das „Irische Dorf" als eigenständige Nation. Selbstbewusst wehte die irische Nationalflagge über den Zinnen des Blarney Castle – ein Politikum, konnte doch aus Rücksicht auf Großbritannien in Chicago keine eigenständige irische Ausstellungsabteilung gezeigt werden.

16. **„Pfalz" im „Deutschen Dorf", Chicago 1893**

Das „Deutsche Dorf" erzielte mit über einer Million Besucherinnen und Besuchern den größten Publikumszuspruch der „Midway Plaisance". Neben seiner kommerziellen Ausrichtung hatte das Ensemble auch politische Motive: Es sollte gegenüber den ökonomisch aufstrebenden, aber vergleichweise ‚geschichtslosen' USA den ‚kulturellen Vorsprung' des Deutschen Reiches versinnbildlichen. Den Mittelpunkt des Areals bildete eine an mittelalterlichen Vorbildern orientierte und mit Stilelementen des 16. Jahrhunderts versehene Wasserburg, die „Pfalz". Sie nahm neben einem Restaurant „in German style"[8] verschiedene Ausstellung zur Geschichte des deutschen Reichs auf. Im „Hessischen Rathaus", einer idealisierten Nachbildung aus dem 16. Jahrhundert, war die bislang bedeutendste Sammlung deutscher Volkskultur untergebracht.

8 Official Catalogue of the Exhibits on the Midway Plaisance. Chicago 1893, S. 19.

17. **„Deutsches Dorf“: Rechts das Spreewaldhaus, im Hintergrund der Burgkomplex**

Komplettiert wurde das Ensemble durch vier originalgetreue Nachbauten von Bauernhäusern aus dem Spreewald, dem Schwarzwald, aus Oberbayern und Westfalen.

18. **Idealisierte Ansicht des westfälischen Bauernhauses**

Das ländliche Gebäude mit seinen altertümlichen Einrichtungsgegenständen – etwa einem prächtigen Kamin von 1620 – regte die Phantasie seiner Gäste an: „Wäre nun der greise Bauer daheim, so würde er Dich sicherlich zum Eintritt in sein Haus einladen, denn gar gastlich sind die Bewohner der Roten Erde und schnell bei der Hand, den Gast mit einer Satte voll dicker Milch (...) sowie mit rohem Schinken, Pumpernickel und goldgelber Butter zu bewirthen.“[9]

[9] Georg Buss: Beschreibung der Deutschen Pfalz und Führer durch das deutsche Dorf. Berlin 1893, S. 29.

19, 20. **„Alt Wien", Chicago 1893**

Das österreichische Pendant zum „Deutschen Dorf" war „Alt-Wien". Aufgestellt waren 36 Gebäude, welche die im 17. und 18. Jahrhundert vorherrschende Bebauung des „Grabens", eines Straßenzuges in der Nähe des Stephansdomes, nachstellen sollten. Den Eingang bildete ein imposanter Torturm mit einer Zugbrücke. Nach deren Überschreiten fühlte sich der Besucher „in a few seconds (...) in a century almost vergotten"[10] versetzt. Den Mittelpunkt bildete ein großer Konzert- und Biergarten sowie zahlreiche Kaufläden und Gaststätten. Mehrere Musikkapellen sorgten mit ihrem Programm aus „national airs Vienna waltzes and the popular music of today"[11] für eine stimmungsvolle Untermalung.

21. **Vor dem Kipdorp-Tor von „Alt-Antwerpen", Antwerpen 1894**

22. **Ansicht von „Alt-Antwerpen"**

Mehr als 70 altertümliche Gebäude ließen hier das 16. und 17. Jahrhundert wieder aufleben, als Antwerpen eine der politisch und wirtschaftlich mächtigsten Städte der Welt war. Den Eingang markierte eine Zugbrücke mit dem repräsentativen Kipdorp-Tor. Im Zentrum des Ensembles lag der ‚Marktplatz', den Nachbauten repräsentativer Patrizierhäuser einfassten. Blickpunkte des Platzes waren Rekonstruktionen der gotischen Kapelle St. Nicolas und des prunkvollen alten „Stadhuis" aus dem 15. Jahrhundert.

10 Beautiful Scenes of the White City. A Portfolio of Original-Plate Half-Tone Engravings of the World's Fair. Chicago 1894, o.S.
11 Official Catalogue of Exhibits on the Midway Plaisance. World's Columbian Exposition Group 176. Chicago 1893, S. 31.

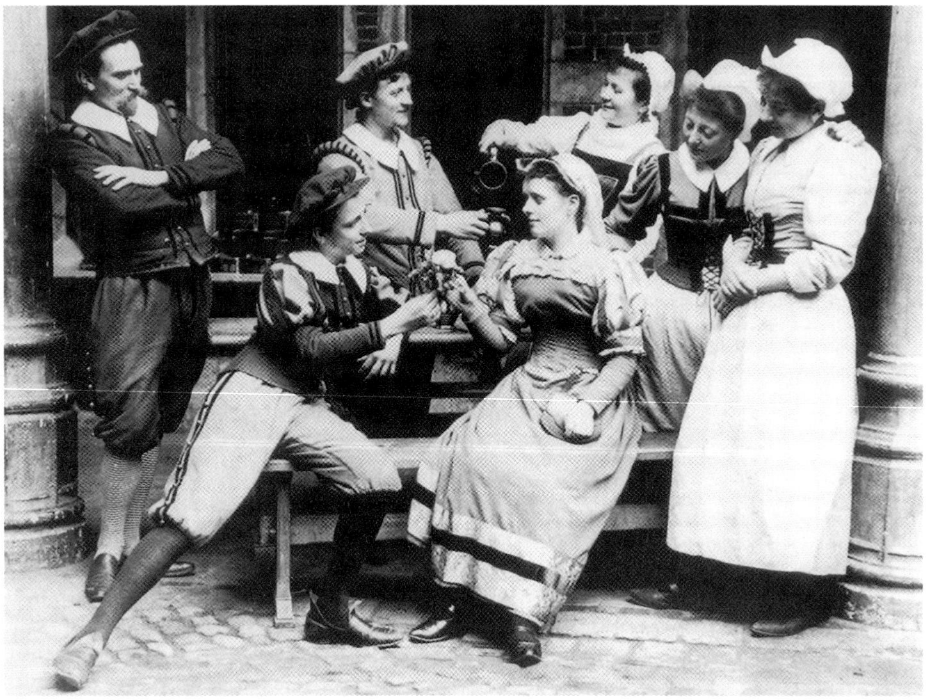

23. **Szene in „Alt-Antwerpen"**

Hauptattraktion von „Alt-Antwerpen" waren aber dessen ‚Bewohner', die in nachgeschneiderter flämischer Tracht aus jener Zeit auftraten und während der Dauer der Weltausstellung sogar dort lebten. Verschiedene Veranstaltungen wie ein Ritterturnier oder eine flämische Kirmes luden die Gäste dazu ein, an dieser inszenierten Vergangenheit teilzuhaben. Der ‚trompe-l'œil' war für viele Besucher angeblich so perfekt, daß sie nur durch signifikante Geräusche der Gegenwart wie dem Pfeifen einer Dampflokomotive oder dem Hupen eines Schiffes aus der historisierenden Traumwelt gerissen werden konnten.

24. **„Vieux Paris" auf der Weltausstellung 1900 in Paris**

25. **Die „Porte Saint Michel", der Haupteingang von „Vieux Paris"**

Die von dem Kunstmaler Albert Robida konzipierte Baugruppe erstreckte sich an der Seine auf 250 m Länge. Das markante Eingangstor von „Vieux Paris" bildete die Nachbildung der 1684 abgebrochenen „Porte Saint-Michel". Von hier aus gelangte man zu einer Ansammlung von untergegangenen architektonischen Wahrzeichen aus der Stadtgeschichte. Der „Tour du Louvre", das Geburtshaus des Dichters Molière, die Kirche St. Julien-des-Ménestriers, die alten Markthallen oder das „Palais de la Cité" – um nur einige Beispiele zu nennen – waren zu einer malerischen Komposition arrangiert.

26. **Szene vor der Kirche St. Julien-des-Ménestriers**

Neben historisch oder zumindest historisierend rekonstruierten Gebäuden nahm die Inszenierung ‚volkstümlichen Lebens' in „Vieux Paris" breiten Raum ein: „Landsknechtmusik rauscht, Schildwachen in alter Tracht und Wehr hüten die Thüren, Edelleute in bauschigen Gewändern, Frauen in bunten Kleidern lustwandeln, Scholaren und Gaukler sitzen in den altertümlichen Schenken beim Krug, Dichter und Bänkelsänger tragen ihre Balladen vor und Tänzerinnen wecken das Schauspiel ehemaliger Lebenslust"[12], berichtete die Zeitschrift „Die Gartenlaube".

12 Die Gartenlaube Nr. 30/1900, S. 514.

27. **„Village Suisse", Paris 1900**

Aufgebaut waren 75 Gebäude, die einen repräsentativen architektonischen Querschnitt des Landes vermitteln sollten. Den Eingangsbereich rahmte eine Gruppe historischer Stadthäuser aus verschiedenen Kantonen. Darüber hinaus hatte man besonders symbolträchtige Gebäude der Schweiz, wie das Geburtshaus von Jean-Jacques Rousseau oder die Tell-Kapelle rekonstruiert.

28, 29. **Szenen im „Village Suisse"**

Im Hintergrund erhoben sich Gebirgsalmen mit aus der Schweiz importierten Kühen sowie Bauernhäusern und Sennhütten. Eingefasst wurde das Ensemble durch eine bis zu 40 m hohe künstliche Gebirgslandschaft mit Wasserfall. Gezeigt wurde also die Illusion der Schweiz im Miniformat, „wo sogar Alpenrosen blühen und schmucke Bäuerinnen uns echte Alpenmilch credenzen"[13], geriet ein Besucher ins Schwärmen. Täglich präsentierte Events wie Alphornkonzerte, Jodelwettbewerbe oder Viehabtriebe komplettierten die inszenierte Idylle.

13 Illustrirte Zeitung, 30. November 1899, S. 752.

30. **Stephanssaal in der ungarischen Kunstgewerbeabteilung, Paris 1900**

Die Nachbildung eines Saales aus der Budapester Hofburg ist ein signifikantes Beispiel für die auf Weltausstellungen häufig beobachte Demonstration nationaler Identität mit Hilfe der Religion. In die reich verzierten Wandverkleidungen aus ungarischem Nussbaumholz hatte man Apsiden eingelassen, welche Majolikabildnisse der Herrscher aus dem Hause Arpád aufnahmen. Der Namenspatron Stephan I. war auf einem Gemälde, das seine Krönung darstellte, sowie als Büste gegenwärtig. Die Verbindung zwischen nationaler Geschichte und Religion wird an seiner Person besonders deutlich: Der ungarische Nationalheilige erhielt 1001 von Papst Sylvester II. die Königskrone und wurde schon 1083 heiliggesprochen. Der Gründer des ungarischen Staatswesens verkörpert damit die Idee eines „Rex et sacerdos"; er gab seinem Reich eine christliche Verfassung und sicherte Ungarn gleichzeitig die Unabhängigkeit gegenüber dem römisch-deutschen Reich.

31. **Historische Molkerei und Käserei, Paris 1900**

Hier wurde, im Unterschied zur Pariser Ausstellung von 1889, keine eigenständige retrospektive Abteilung eingerichtet, sondern man gliederte den Ausstellungsklassen diverse historische Sonderschauen an. Der unmittelbare Vergleich sollte dem Publikum den jeweiligen aktuellen Stand der Entwicklung vor Augen führen. Die historische Molkerei und Käserei war im „Musée rétrospectif de l'agriculture" aufgebaut.

32. **Pueblo español, Barcelona 1929**

Das „Spanische Dorf" vereinigte auf engstem Raum ländliche Architekturbeispiele aus allen Provinzen Spaniens. Zu sehen waren typische Nachbildungen von Häusern aus dem Baskenland, südspanische und aragonische Gassen oder eine galizische Kirche. „Es ist eine Geschichte der bürgerlichen Baukunst, die ihresgleichen suchen dürfte, und wer ohne Reisebeschwerlichkeiten und in kurzer Zeit die verschiedenen regionalen Baustile der Halbinsel studieren will, darf sich füglich in diese Architekturgeschichte vertiefen. Sie wird ihm ein sicherer Führer sein"[14] , meinte ein Architekt.

[14] Alfredo Baeschlin: Barcelona und seine Weltausstellung. In: Deutsche Bauzeitung Nr. 57, 17 Juli 1929, S. 497-504; hier S. 504.

33. **„Alt-Belgien", Antwerpen 1930**

Präsentiert wurde hier ‚Belgien im Taschenformat': 140 Gebäude aus verschiedenen Provinzen und Bauepochen hatte man versammelt. Sie waren entweder exakte Kopien bestehender Bauwerke oder Rekonstruktionen, die anhand historischer Dokumente, Zeichnungen oder Gemälde angefertigt worden waren. Das Publikum konnte somit auf dem weitläufigen Areal einen imaginären Spaziergang durch Geschichte und Geographie Belgiens unternehmen – Disney-Park und Lego-Land hatten hier ihren direkten Vorläufer.

34. Centre Régional, Paris 1937

Das Centre Régional war als Selbstdarstellung Frankreichs für das internationale Publikum gedacht. 17 französische Regionen stellten sich über Gebäude ihres jeweils typischen traditionellen Baustils vor: Wohnhäuser, Läden, Werkstätten und zahlreiche Restaurants gruppierten sich idyllisch um einen großen Platz.

35. Szene in der Sektion des Elsass

Darüber hinaus veranstalteten die französischen Regionen Trachtenumzüge, Tänze und kunsthandwerkliche Darbietungen. Das kommerziell-folkloristische ‚Freilichtmuseum Frankreichs' war ein großer Publikumsmagnet.

36. **Holländisches Ensemble, New York 1939/40**

Windmühle, Fischerboot und altertümliche Holzhäuschen versetzten das Publikum der „World of Tomorrow" in ein traditionelles holländisches Ambiente. Bezeichnenderweise befand es in der „Amusement Area" und diente, betrieben von der holländischen Bierfirma Heineken, in erster Linie als Restauration.

37. „Belgian Village", New York 1964/65

Typische Hausbeispiele aus der Geschichte Flanderns und Walloniens vereinigten sich hier zu einem malerischen Gesamtbild. Mehrere Cafés und Läden luden das Ausstellungspublikum zum Verweilen ein.

38. **Saurier, New York 1964/65**

Weit in die Vergangenheit blickte auf der New Yorker Ausstellung die US-Firma „Sinclair Oil“: In einer Art prähistorischem Zoo waren, von Publikumsmassen umlagert, neun lebensgroße Sauriermodelle zu sehen

39, 40. **Sakralkunst im US-Pavillon und im Pavillon der UdSSR, Osaka 1970**

Zahlreiche Länder präsentierten in ihren Pavillons – quasi als kulturelles Gegenlager zu den dort gleichfalls ausgestellten innovativen Exponaten – Gegenstände ihrer Geschichte und Religion. So war in Osaka etwa im Nationengebäude der USA neben der Apollo-Raumkapsel auch naive Sakralkunst aus Neuengland zu sehen. Die Sowjetunion zeigte auf derselben Ausstellung Sputnik und Lenin-Portrait, aber auch das Modell eines Klosters aus dem 16. Jahrhundert.

41. **Trachtenensemble der Baltischen Republiken, Sevilla 1992**

Mehrere der kurz zuvor neu entstandenen osteuropäischen Staaten wählten in Sevilla ihre jeweilige traditionelle Volkskultur als Mittel der Selbstdarstellung. Der Zusammenbruch des Sozialismus führte in diesen Ländern zu einer tiefgreifenden „lebensweltlichen Verunsicherung“[15]. In diesem Zusammenhang wurde der Volkskultur eine wichtige politische Aufgabe zugewiesen. Sie übernahm die schon von den Weltausstellungen des 19. Jahrhunderts bekannte Funktion der Stiftung von kollektiver Identität. Nicht zuletzt anhand der scheinbar mit ‚uralten' Traditionen behafteten Gegenstände sollte ein nationales ‚Wir-Gefühl' vermittelt werden. So zeigten etwa die Baltischen Republiken - durch eine Stahlrohrkonstruktion leicht verfremdet - Figurinen mit traditionellen Volkstrachten.

42, 43. **Nachbauten der Caravelle „Santa Maria“ von Christoph Columbus in New York 1964/65 und Sevilla 1992**

Repliken der „Santa Maria“, dem Flaggschiff der Flotte des Christoph Columbus, mit der er den neuen Kontinent entdeckt hatte, waren Gast von gleich drei Weltausstellungen. Sie ankerte schon auf der ihm zu Ehren veranstalteten „World's Columbian Exposition“ in Chicago 1893; auch in New York 1964/65 war ein originaler Nachbau nebst einer Ausstellung zum Leben des Seefahrers zu besichtigen. Auf der Weltausstellung in Sevilla 1992, die unter dem Motto „Das Zeitalter der Entdeckungen“ stand, wurde dem 500sten Jahrestag der Entdeckung Amerikas durch maßstabsgetreue Kopien aller dreier Caravellen der Expedition gedacht.

15 Peter Niedermüller: Politischer Wandel und Neonationalismus in Osteuropa. In: Wolfgang Kaschuba (Hg.): Kulturen - Identitäten - Diskurse. Perspektiven Europäischer Ethnologie (= Zeithorizonte Bd 1). Berlin 1995, S. 135-151; hier S. 140.

1. Akrobat auf der Weltausstellung 1904 in St. Louis

KULTUR UND ENTERTAINMENT

Schon im Verlauf des 19. Jahrhunderts wandelten sich die Weltausstellungen zunehmend zu kulturell-kommerziellen Massenveranstaltungen, auf denen - neben der nationalen Selbstdarstellung - die Unterhaltung des Millionenpublikums immer stärker in den Vordergrund rückte: Die Weltausstellungen präsentierten sich als „Phantasmagorie, in die der Mensch eintritt, um sich zerstreuen zu lassen“[1].

Eine eindrucksvolle Schilderung der Faszination, welche Weltausstellungen auf ihr Publikum ausübten, stammt von dem amerikanischen Schriftsteller Edgar Lawrence Doctorow, der 1939 als achtjähriger die New Yorker „World's Fair“ besucht hatte:

2. Szene auf der Weltausstellung in New York 1939/40

„Wir streiften auf und ab. Wir kauften kandierte Äpfel, die guten mit dem harten, durchsichtig roten Zuckerguß. Eine Jazzband zog umher, und wir folgten ihr über den Midway. Ich vergaß alles, was nicht Ausstellung war, als wäre Achterbahn fahren und Sehenswürdigkeiten besichtigen, mit Menschenmengen ringsum und Musik im Kopf, das natürliche Leben. Ich dachte nicht an meine Mutter oder an meinen Vater oder

1 Walter Benjamin: Paris, Hauptstadt des 19. Jahrhunderts. In: Ders.: Das Passagenwerk, herausgegeben von Rolf Tiedemann. Frankfurt a.M. 1983, S. 50.

an meinen Bruder, auch nicht an die Schule und die Bronx oder auch nur daran, meine fünf Sinne zusammenzuhalten und darauf zu achten, wohin ich trat."[2]
Schon gegen Ende des 19. Jahrhunderts wurden den Weltausstellungen weitläufige Vergnügungsareale angegliedert. Ihr Kennzeichen war eine Melange aus Sensation und populärer Vermittlung kultureller Zusammenhänge.

3. Vergnügungsviertel „The Zone", San Francisco 1915

Von diesen publikumswirksamen, teilweise äußerst innovativen Inszenierungen im Spannungsfeld zwischen „Vergnügung und Belehrung"[3] lassen sich direkte Verbindungslinien zu modernen Vergnügungsparks und zu aktuellen Ausstellungsevents ziehen. Unzählige gastronomische Einrichtungen zielten in höchst fantasievoller Weise auf die Geldbörsen des Publikums. Der Faktor Kommerz war bereits 1851 in London zu beobachten: Ein Besucher berichtete pikiert:

2 Edgar Lawrence Doctorow: Weltausstellung. Reinbek 1995, S. 291.
3 Unsere Weltausstellung. Eine Beschreibung der Columbischen Weltausstellung in Chicago, 1893. Chicago 1894, S. 318.

4. Wurstbude in „Alt-Wien", Chicago 1893

„Was man hört und sieht, ist Exhibition, was man kauft und genießt, Exhibition. (...) Heuer ist das Zeitalter des Exhibitionskultus. Es giebt Exhibitions-Hüte, -Cigarren, -Pudding, -Stöcke, -Thees, -Kaffees und -Schwefelhölzer und vor Allem Exhibitions-Preise."[4]
Musik spielte für die Unterhaltung der Besucher ebenfalls eine wichtige Rolle: Die erste Weltausstellung in London 1851 wurde mit dem „Hallelujah" von Händel feierlich eingeleitet, stimmgewaltig von einer Vereinigung aller Sängerchöre Londons mit 600 Stimmen und 200 Musikern aufgeführt. Zur Eröffnung der „Exposition universelle" von Paris 1855 erklang in der Kirche Saint-Eustache erstmals das „Te Deum" von Hector Berlioz, vorgetragen von 900 Sängern und Instrumentalisten.
Mehrere Länder hatten für die Londoner Weltausstellung von 1862 speziell Musikstücke in Auftrag gegeben. So komponierte etwa Giacomo Meyerbeer für Frankreich die „Fest-Ouvertüre". Giuseppe Verdi trat dort für Italien auf; er griff das Motto der Veranstaltung als friedliche Versammlung der Weltfamilie auf und verfasste die „Hymne

4 Lothar Bucher: Kulturhistorische Skizzen aus der Industrieausstellung aller Völker. Frankfurt a. M. 1851, S 19.

der Nationen", eine Kantate für Chor und Solostimmen. Verdi ließ sich dabei von Nationalhymnen inspirieren, etwa Englands „God save the Queen", Frankreichs „Marseillaise" und Italiens Hymne „d'Italia". Jacques Offenbach hatte Paris während der Weltausstellung von 1855 schon geschäftstüchtig als Ort seines Theaters gewählt; mit der Operette „Pariser Leben" setzte er 1867 der Weltausstellungsstadt ein Denkmal.

Ohrwurm – und zugleich musikalisches Motto – der „New York World's Fair" von 1939/40 war der Song „Dawn of a New Day", komponiert von Ira und George Gershwin. Weltstars der Musikbranche und der Unterhaltungsindustrie traten im Rahmen der umfangreichen Begleitprogramme auf; sie lieferten einen nicht zu unterschätzenden Beitrag zum Publikumserfolg dieser Veranstaltungen.

Auch die Bildende Kunst ist in diesem Zusammenhang zu sehen. War sie im 19. Jahrhundert noch in die offizielle Ausstellungsklassifikation integriert, wurde sie im Verlauf des 20. Jahrhunderts zunehmend autonom – wenngleich eingebunden in den ‚kulturellen Wettstreit der Nationen'.

Kultur, Spektakel und Entertainment: Dies sind die eigentlichen Zugpferde der Weltausstellungen des 20. Jahrhunderts. Die EXPO 2000 bietet unter dem Motto „Welten treffen aufeinander" dem Publikum ebenfalls ein reichhaltiges Kultur- und Erlebnisprogramm. Mehrere tausend große und kleinere Veranstaltungen unterschiedlichster Art – Kleinkunst, Rock, Pop, Folklore und klassische Musik, Tanz, Theater, Bildende Kunst oder Open-Air-Kino – stellen die herausragende Rolle der Unterhaltung der Massen im Selbstverständnis der modernen Weltausstellung unter Beweis.

5. Marsfeld (Ausschnitt), Paris 1867

Auf dem Gelände des Marsfeldes wurden um den Ausstellungspalast ein buntes Sammelsurium verschiedenster Baulichkeiten und Ausstel-lungen aufgebaut – darunter etwa eine ägyptische Karawanserei mit echten Kamelen, ein riesiges Aquarium oder ein 45 m hoher eiserner Leuchtturm – der „parc étranger" wurde zur Hauptattraktion dieser Veranstaltung.

6. **Plakat der Operette „Großherzogin von Gerolstein", Paris 1867**

Jacques Offenbach wurde hier mit der Operette „Die Großherzogin von Gerolstein" zum ungekrönten König der Unterhaltungsmusik. Sie spielt um 1720 in dem fiktiven, kleinen Großherzogtum Gerolstein – die Verwandtschaft zum gleichnamigen Mineralwasser ist also rein zufällig. Die Parodie auf Militärs und Kriegslust war der Renner auf dieser Weltausstellung.

7. Indianer-Wigwam, Wien 1873

Der Einsatz von landestypischem Kolorit als verkaufsförderndes Element nahm bisweilen sogar skurrile Züge an. So hatte man in Wien ein überdimensionales Indianerzelt aufgebaut, in dem nicht etwa die Ureinwohner Nordamerikas, sondern livrierte Schwarze für das leibliche Wohl der Gäste sorgten: „Die prächtigen Negerburschen konnten nicht genug Sherry herbeischleppen, den die auf's lustigste gestimmten Schönen lachend durch die Strohhülsen schlürften"[5], berichtete das „Neue Wiener Tagblatt". Adolf Menzel hielt die Szene in einer meisterhaften Gouache für die Nachwelt fest.

8. Czarda, Paris 1878

Traditionelle Volksmusik diente berühmten Komponisten nicht selten als Inspirationsquelle: So ließ sich etwa Franz Liszt beim Verfassen seiner „Ungarischen Rapsodie Nr. 15" von einer 1878 in der ungarischen Czarda aufspielenden Zigeunerkapelle anregen.

5 Neues Wiener Tagblatt, 4. Mai 1873, S. 4.

9. **Henri Rousseau: „Ich selbst. Portrait-Landschaft", Paris 1889**

Der ‚Zöllner' Henri Rousseau, wegen seiner kindlich-naiven Malweise Vorbild für Pablo Picasso oder Wassily Kandinsky, besuchte mehrmals diese Ausstellung. In den dort inszenierten Kolonialschauen Frankreichs fand er Motive, die er in seinen exotisch-märchenhaften Gemälden künstlerisch verarbeitete. Ein unmittelbares Zeugnis der Begeisterung Rousseaus für die „Exposition universelle" ist sein Gemälde „Ich selbst. Portrait-Landschaft" von 1890, dessen Hintergrund vom Wahrzeichen der Ausstellung, dem Eiffelturm, bestimmt wird. Ähnliches läßt sich auch für Paul Gauguin feststellen. Seit der Übersiedlung nach Tahiti war sein Werk von Sujets seiner Wahlheimat bestimmt; Untersuchungen weisen jedoch nach, daß dabei weniger die Bewohner der Südsee, sondern vielmehr Tänzer des „javanischen Dorfes" der Weltausstellung von 1889 Pate standen.

10, 11. „Midway Plaisance", Chicago 1893

Die „Midway Plaisance" war ein ca. 1.500 m langer und 100 m breiter Geländestreifen am Rand des eigentlichen Ausstellungsgeländes. Tempel von Luxor und Indianerdorf, Modell des Petersdomes und „Hagenbecks Zoological Arena": Eine beinahe unüberschaubare Zahl von Gaststätten und Verkaufsbuden, Attraktionen und Sensationen dienten in erster Linie „der Unterhaltung, dem Vergnügen, der Lust" und bezweckten, „die Neugier zu befriedigen, die Sucht des Menschen, das Fremdartige, Entlegene, Groteske, Bizarre kennen zu lernen"[6] – so eine zeitgenössische Stimme. Nicht ohne Grund gilt die „Midway Plaisance" deshalb als Vorläuferin der modernen Freizeitparks.

6 Unsere Weltausstellung (wie Anm. 2), S. 321.

12. **„Ferris Wheel", Chicago 1893**

Hauptattraktion der „Midway Plaisance" und zugleich Symbol technischer Leistungsfähigkeit der USA war das vom Brückenbauingenieur George W.G. Ferris entwickelte „Ferris Wheel" – das erste Riesenrad der Welt. Das Wunderwerk seiner Zeit besaß einen Durchmesser von mehr als 76 m und nahm 36 Kabinen für jeweils 40 Personen auf. Bis zu 4.000 Besucher in der Stunde wollten mit dem Riesenrad fahren; am Ende der Ausstellung wurden 1,5 Millionen Besucher und Besucherinnen gezählt. Das „Ferris Wheel" wurde zum Vorbild der Riesenräder auf Schaustellungen und Freizeitparks.

13. **„Ice-Railway", Chicago 1893**

Diese neuartige Achterbahn fand in Chicago ihr Massenpublikum: „Die Eis-Rutschbahn war eine der kuriosen Eigenheiten der Ausstellung. Schlitten, welche mittelst Maschinerien über Erhebungen befördert wurden, machten mit erschreckender Schnelligkeit eine Sinnen betäubende Rundfahrt auf einem mit Eis bedeckten Fahrweg, der auf künstliche Weise hergestellt worden war. Die Sache war sogar von wissenschaftlichem Standpunkt aus kurios"[7], hieß es in einem Ausstellungsführer.

7 Ansichten der Welt-Ausstellung und Midway-Plaisance, bestehend aus 217 ausgewählten Photographien der interessantesten Ansichten, Scenen und Völker der Ausstellung. Chicago 1894, o. S.

14. Maréorama, Paris 1900

Auf dem nachgebildeten Schiffsdeck eines Hochseedampfers konnten bis zu 500 ‚Passagiere' Platz finden. Das Maréorama simulierte mittels eines komplizierten Mechanismus das Stampfen eines Schiffes auf hoher See und lud das Publikum zu einer virtuellen Kreuzfahrt durchs Mittelmeer ein. Hierzu bewegte man ein monumentales Diorama auf Rollen an der Schiffsattrappe vorbei: „Die Dampfpfeife ertönt, Kommandoworte erschallen, das Schiff fährt ab. (...) (Man) spürt ein unheimliches Gefühl im Magen, das die Illusion einer Seereise bis ins Unendliche steigert. Bei einigermassen empfindlicher Disposition kann man für einen Franc – so viel kostet die ganze Tour – alle Phasen der Seekrankheit durchmachen"[8], berichtete ein ‚Reisender'.

15. „Transsibirische Eisenbahn", Paris 1900

Eine weiteres 1900 vorgeführtes kinetisches Panorama war die „Reise mit der transsibirischen Eisenbahn": „Die Zuschauer sitzen in dem Waggon eines Luxuszugs, bewegt durch mechanisches Rütteln. Rechts und links, durch die Abteilfenster blickend, sieht man das komplette Panorama der Landschaft zwischen Moskau und Peking sich entfalten, unterbrochen von Aufenthalten in den wichtigsten Stationen. Dieses Schauspiel, abgesehen davon, daß es eine Einladung für die Neugierde und den Wissensdrang bedeutet, ist eine ausgezeichnete Werbung für die entsprechende Reisegesellschaft"[9], meinte ein Zeitgenosse.

8 Georg Malkowsky (Red.): Die Pariser Weltausstellung in Wort und Bild. Berlin 1900, S. 180.
9 Zit. n. Le Livre des Expositions Universelles. 1851-1989. Ausstellungskatalog, Paris 1989, S. 111.

16. **Zigeunerkapelle, Paris 1900**

Für großen Zulauf sorgten die Musikkapellen, die in den Restaurants und Gaststätten aufspielten. Die Kombination von landestypischem Ambiente, kulinarischen Leckerbissen und musikalischer Unterhaltung zog zahlreiche Neugierige an.

17. **„Le manoir à l'envers", Paris 1900**

Das „Verkehrte Haus" war ein Publikumsmagnet des Vergnügungsviertels, der „Rue de Paris". Die verblüfften Besucher sahen ein Gebäude in gotischen Formen, das auf den Kopf gestellt worden war: „Sein Dach mit den Schornsteinen und Türmchen streckt sich auf die Erde hin, während sein Fundament gen Himmel ragt. Natürlich sind demgemäss auch alle Fenster, Thüren, Balkons, Galerien, Gesimse, Verzierungen und Inschriften verkehrt herum, selbst das Zifferblatt der grossen Uhr huldigt dieser Tendenz ins Verkehrte."[10]

10 Georg Malkowsky (wie Anm. 8), S. 474.

18. **Himmelsglobus, Paris 1900**

Zu den größten Attraktionen dieser Weltausstellung gehörte zweifellos der „Grand Globe céleste". Er hatte einen Durchmesser von 60 m und sollte das Universum verkörpern. Im Innern befand sich eine zweite Kugel mit 36 m Durchmesser, die das damals bekannte Sternensystem darstellte. Im Zentrum lag eine dritte Kugel mit 8 m Durchmesser, die Erde. Über eine Wendeltreppe, die den „Globe céleste" durchzog, konnte man auf den Nordpol der Erde gelangen. Mittels eines mechanischen Räderwerks wurde der Lauf der Gestirne nachgestellt. Sphärische Orgelkompositionen von Camille Saint-Saëns untermalten die Performance.

19. **„Dantes Inferno", San Francisco 1915**

Auch die „California Midwinter Exposition" hatte ein gut besuchtes Vergnügungsareal aufzuweisen. Auf diesem Foto drängen sich Neugierige vor der Schaustellung „Dante's Inferno", einer Art kulturhistorischer Geisterbahn.

20. **Pablo Picasso, Paris 1937**

Picasso schuf für den spanischen Pavillon sein monumentales Gemälde „Guernica" in Erinnerung an die Zerstörung des baskischen Städtchens während des spanischen Bürgerkriegs durch die deutsche „Legion Condor". Nur zwei Jahre nach der Präsentation des berühmtesten Antikriegsbildes der Kunstgeschichte zettelten die Nationalsozialisten das Inferno des Zweiten Weltkrieges an.

21. „Parachute Jump", New York 1939/40

Der „Parachute Jump" war ein riesiges Metallgestell, von dem man an Minifallschirmen zur Erde gleiten konnte. Edgar L. Doctorow hatte als Kind den Sprung gewagt: „Hinauf stiegen wir, immer höher, ich sah die gesamte Ausstellung unter uns zurückbleiben. (...) Dann hielten wir ruckartig an. Und hingen für einen Augenblick da wie Anhänger am Hals der Nacht. (...) Dann fielen wir, wir glitten hinunter und kreischten in unserer Angst; aber es war auch spannend. Ich blickte auf und öffnete die Augen, und über unseren Köpfen entfaltete sich ein herrlicher roter Fallschirm wie eine ungeheurer große Blume und staute den Wind und blähte sich zu seiner ganzen Fülle auf. Ich lachte."[11]

11 Edgar Lawrence Doctorow (wie Anm. 1), S. 294f.

22, 23. **Salvador Dalí, New York 1939/40**

Auch der ‚Exzentriker' unter den Künstlern, Salvador Dalí, bekam die Gelegenheit, sich auf einer Weltausstellung in Szene zu setzen. Im Rahmen der New Yorker Schau konzipierte er einen Pavillon mit dem Titel „Traum der Venus" und ließ sich publikumswirksam mit einer ‚Muse' fotografieren.

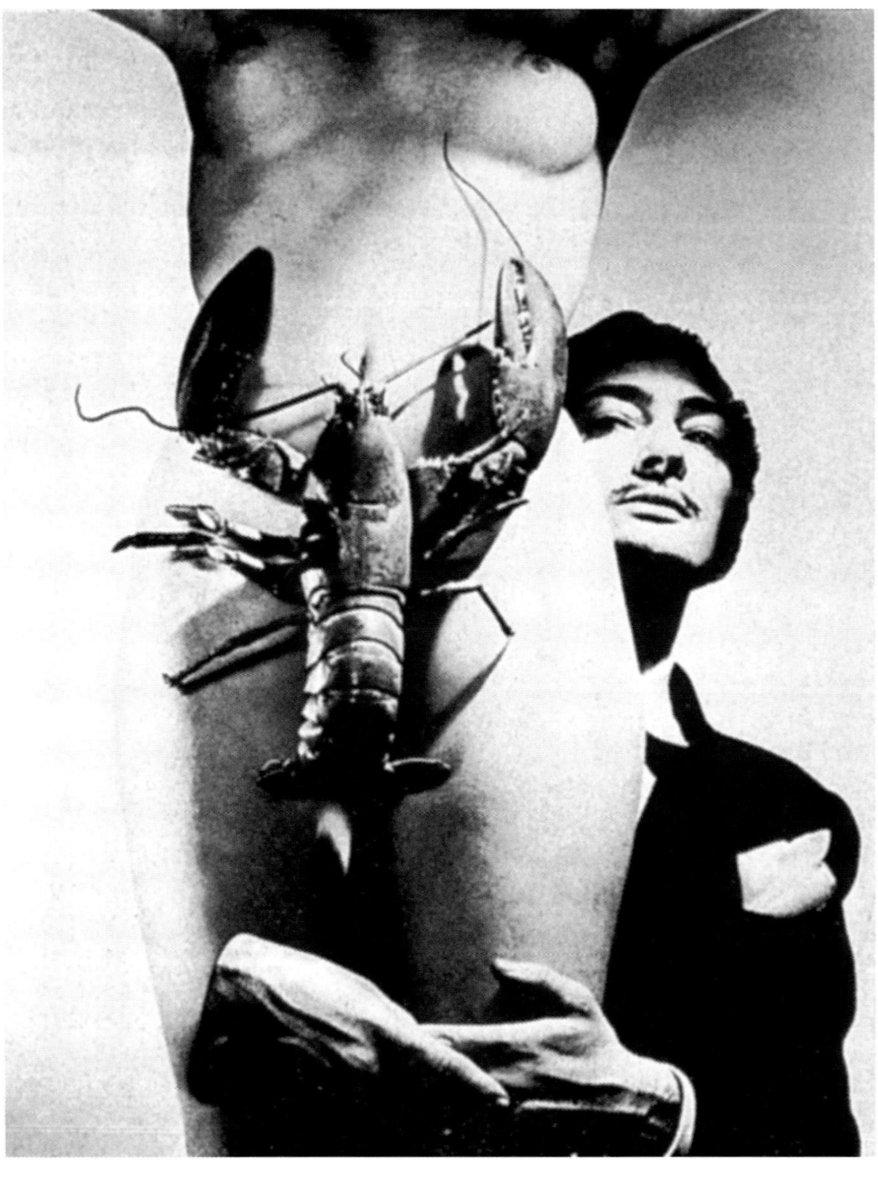

24. **New York State Exhibit Building, New York 1964/65**

Clou des von Philip Johnson entworfenen Gebäudes, eines schlichten Rundbaus, war seine Fassade. Namhafte Vertreter der Pop-Art wie Alexander Libermann, Robert Indiana, James Rosenquist oder Robert Rauschenberg gestalteten die Außenwände des Pavillons mit großflächigen Bildern und Installationen.

25. **Roy Lichtenstein, New York 1964/65**

Roy Lichtenstein, der die „Pop-Architektur" dieser Weltausstellung schon auf einem Titelblatt der Zeitschrift „Art in America" künstlerisch verarbeitetet hatte, war an der Fassade des New York State Exhibit Building mit einem Gemälde vertreten, typischem Beispiel seiner „Comic-Art". Es trug den Titel „A Girl at the Window".

26. **„Magic Skyway", New York 1964/65**

Walt Disney's revolutionäre Installationen – sich bewegende elektronisch-mechanische Puppen, kombiniert mit szenischen Darstellungen und Soundeffekten – waren auf dieser Weltausstellung allgegenwärtig. So basierte etwa Pepsi-Cola's Show „It's a Small World" auf Disney's Prinzip. Hunderte von beweglichen Spielzeugpuppen repräsentierten die Kinder der verschiedenen Nationen; die Besucher bewegten sich per Boot durch diese mechanische Märchenwelt. Auch Ford's „Magic Skyway" wurde von Walt Disney Imagineering entwickelt. Das Publikum bestieg Nachbildungen von Ford-Automobilen aus dem aktuellen Programm: Sie setzten sich in Bewegung und führten durch mit audio-animatronischen Figuren bevölkerte Szenen vom prähistorischen Dschungel bis zu einer Weltraumstadt.

27. **„Carousel of Progress", New York 1964/65**

Neben der Inszenierung „Great Moments with Mr. Lincoln" im Illinois-Pavillon, bei der die täuschend lebensechte Nachbildung des ersten Präsidenten der USA agierte und sprach, stammte auch General Electric's „Carousel of Progress" von Disney. Eine audio-animatronische Familie führte in verschiedenen Szenen die durch die Verfügbarkeit der Elektrizität bedingte dramatische Veränderung der Lebenswelt – von der Handpumpe bis zum Farbfernsehen – vor. Einige dieser Attraktionen von Disney wurden anschließend in die Disneyparks in Kalifornien und Florida überführt.

28. **Thelonious Monk, Montreal 1967**

Ob Volksmusik, klassische Darbietungen oder Avantgarde: Sämtliche Sparten musikalischer Unterhaltung kann man auf den Weltausstellungen antreffen. So hatte auch der bekannte Jazz-Pianist Thelonious Monk 1967 in Montreal seine Fan-Gemeinde.

29. **Plastik „Der Mensch", Montreal 1967**

Ergänzend zu den nationalen Beiträgen in den verschiedenen Länderpavillons wurde von den Organisatoren in Montreal eine Ausstellung bedeutender zeitgenössischer Kunstwerke der Erde zusammengestellt. Zu einem Wahrzeichen der Expo '67 wurde die 22 m hohe Eisenplastik „Der Mensch" von Alexander Calder. Sie griff das Motto dieser Weltausstellung „Terre des Hommes" auf.

30. Marlene Dietrich, Osaka 1970

Marlene Dietrich war Gast gleich dreier Weltausstellungen. Schon 1937 hatte sie Paris besucht und im Filmpalast ihren neuesten Film vorgestellt. In Montreal 1967 und 1970 in Osaka gab sie umjubelte Konzerte.

31. Karlheinz Stockhausen, Osaka 1970

Karlheinz Stockhausen – Protagonist der musikalischen Avandgarde und zugleich einer der zentralen Figuren bei der Planung des deutschen Beitrags – führte im Kugelauditorium des deutschen Pavillons an 183 Tagen jeweils rund sechs Stunden seine raumakustischen elektronischen Kompositionen auf; mehr als eine Million Menschen hörten ihm zu.

32. „Alphornfrosch" Sevilla 1992

An der Ausgestaltung des bemerkenswerten Nationengebäudes der Schweiz in Sevilla beteiligten sich mehrere namhafte einhei-mische Künstler. Das Motto des Beitrags lautete: „Statt Schweizer Käse, Schweizer Schokolade, Schweizer Berge, Schweizer Sennen, Schweizer Banken, Schweizer Präzision: Schweizer Kultur!"[12] Gemäß dieser Vorgabe gestaltete beispielsweise Berhard Luginbühl zwei im Freien aufgestellte Eisenplastiken „Emmental I und II", die aus zwei konkav geformten Elementen in der Form von Brennspiegeln und diversem bäuerlichem Gerät bestanden. Bruno Weber ging ebenfalls selbstironisch gegen das ‚Bild der Schweiz im Kopf' vor: Er konzipierte aus Fiberglas die zwei skurrilen Alphörner „Alphornfrosch" und „Alphörnler", welche das Publikum zum Musizieren auf dem Schweizer Nationalinstrument einladen sollten.

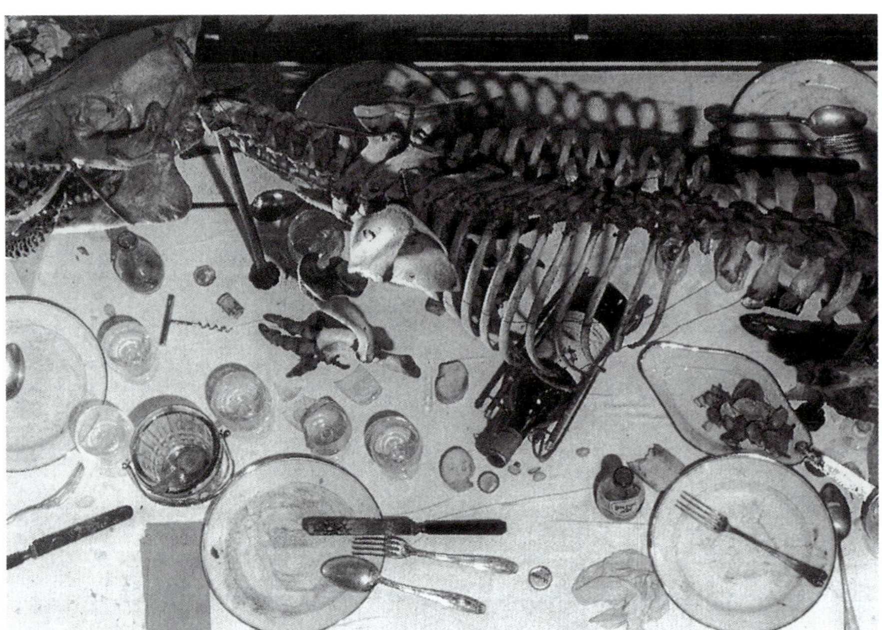

33. Daniel Spoerri

Auch Daniel Spoerri war im Schweizer Pavillon vertreten: An den Wänden im Restaurant brachte er seine „Fallenbilder" an. Die Collagen bestanden aus typisch schweizerischem Essgeschirr, das durch applizierte Speisereste verfremdet wurde.

12 Pabéllon de Suiza. Basel o.J., S. 1.

34. **Goethes „Faust I und II", Hannover 2000**

Ein Höhepunkt des Kultur- und Ereignisprogramms der EXPO 2000 ist die ungekürzte Aufführung des „Faust I und II" von Johann Wolfgang von Goethe. Hauptdarsteller des 21-stündigen Stücks in der Inszenierung von Peter Stein sind Bruno Ganz als Faust und Robert Hungerbühler als Mephistopheles.

35. **Carlos Santana, Hannover 2000**

Zahlreiche internationale Pop- und Rockstars geben sich auf der EXPO 2000 ein Stelldichein. Auch die Rocklegende Carlos Santana, 2000 für sein Album „Supernatural" mit acht Grammies ausgezeichnet, gastiert mit einem Konzert.

36. **„Augapfel-Planetarium", Hannover 2000**

Das Kunstprojekt „In Between" findet an verschiedenen Orten auf dem Ausstellungsgelände statt; zahlreiche international renommierte Künstlerinnen und Künstler gestalten die Freiräume zwischen den Ausstellungshallen und Nationenpavillons. Rosemarie Trockel und Carsten Höller entwarfen beispielsweise das „Haus für Ratten, Menschen und Tauben". Die Computeranimation zeigt ihren Entwurf in der Form eines menschlichen Augapfels.

37. **„Flambée", Hannover 2000**

Die spektakuläre Inszenierung am EXPO-See ist das zentrale theatralische Großereignis dieser Weltausstellung. Von einer riesigen Hand in Gang gesetzt, bieten sich dem Publikum jeden Abend faszinierende Szenen, Collagen und Bilder. Entworfen wurde die Show von „artmobil" unter Verwendung pyrotechnischer Bilder von Pierre Alain Hubert.

ABBILDUNGSVERZEICHNIS

Einleitung

1. TU Dresden, Institut für Kunst- und Musikwissenschaft
2. The Illustrated London News, 24. Mai 1851, Supplement
3. Wolfgang Fach (Hg.): Die Messen der Maschinenbauer. Frankfurt a. M. 1987, S. 41
4. Wolfgang Friebe: Architektur der Weltausstellungen 1851-1970. Leipzig 1973, S. 44
5. Privat
6. Privat
7. C. L. Huard: Livre d'Or de l'Exposition. Paris o. J., S. 27
8. Privat
9. Privat
10. TU Dresden (wie Abb. 1)
11. Privat
12. Privat
13. Paul Lindenberg: Pracht-Album photographischer Aufnahmen der Berliner Gewerbe-Ausstellung 1896 und den Sehenswürdigkeiten Berlins und des Treptower Parks. Alt-Berlin, Kolonial-Ausstellung, Kairo etc. Berlin o. J., S. 8 f.
14. Herzog + Partner
15. EXPO 2000
16. TU Dresden (wie Abb. 1)
17. John Allwood: The Great Exhibitions. London 1977 S. 26
18. Kenneth W. Luckhurst: The Story of Exhibitions. London/New York 1951, S. 118
19. John Allwood (wie Abb. 17) S. 32
20. Wolfgang Friebe (wie Abb. 4) S. 39
21. Illustrated London News 1865
22. François Ducuing (Hg.): L'Exposition universelle de 1867 illustrée. Paris 1868, Bd. 2, S. 409
23. Privat
24. Privat
25. Glücq (Hg.): L'Album de l'Exposition de 1878. Vues intérieures et extérieures de l'Exposition. Paris 1878, pl. 17
26. Kenneth Luckhurst (wie Abb. 18), S. 126
27. The Graphic 1880
28. Privat
29. Privat
30. Privat
31. Privat
32. Privat
33. E. Rossel: Livre d'Or de l'Exposition Universelle et Internationale de Bruxelles en 1910. Brüssel 1910, S. 37
34. Privat
35. John Allwood (wie Abb. 17), S. 106
36. Ebd., S. 109
37. Ebd., S. 112
38. E. Rossel (wie Abb. 33), S. 30
39. John Allwood (wie Abb. 17), S. 116
40. E. Rossel (wie Abb. 33), S. 748
41. Privat
42. Photo Wörner
43. Privat
44. John Allwood (wie Abb. 17), S. 125
45. Privat
46. John Allwood (wie Abb. 17), S. 134
47. Privat
48. Privat
49. Privat
50. L'Illustration, Sonderheft Exposition 1935, 25. Mai 1935, o. S.
51. John Allwood (wie Abb. 17), S. 123
52. Privat
53. Privat
54. Privat
55. Privat
56. Privat
57. Privat
58. TU Dresden (wie Abb. 1)
59. Privat
60. TU Dresden (wie Abb. 1)
61. Privat
62. Privat
63. Privat
64. Privat
65. Privat
66. Privat
67. Privat
68. Privat
69. EXPO 2000

Wahrzeichen

1. Privat
2. Magasin Pittoresque 1851, S. 141
3. C. H. Gibbs-Smith: The Great Exhibition of 1851. London ^{2}1981, S. 39
4. Ebd., S. 36
5. Privat
6. Eugene Rimmel: Recollections of the Exhibit of 1867. London 1868, o. S.
7. François Ducuing (Hg.): L'Exposition universelle de 1867 illustrée. Paris 1868, Bd. 2, S. 205
8. Art-Journal 1873
9. Glücq (Hg.): L'Album de l'Exposition de 1878. Vues intérieures et extérieures de l'Exposition. Paris 1878, pl. 29
10. E. Rossel: Livre d'Or de l'Exposition Universelle et Internationale de Bruxelles en 1910. Brüssel 1910, S. 23
11. TU Dresden, Institut für Kunst- und Musikwissenschaft
12. Ebd
13. Ebd.
14. Ebd.
15. C. L. Huard: Livre d'Or de l'Exposition. Paris o. J., S. 133

16. Wolfgang Friebe: Architektur der Weltausstellungen 1851-1970. Leipzig 1973, S. 94
17. TU Dresden (wie Abb. 11)
18. Unsere Weltausstellung. Eine Beschreibung der Columbischen Weltausstellung in Chicago, 1893. Chicago 1894, S. 25
19. Photo Wörner
20. A. J. Meier-Graefe (Hg.): Die Weltausstellung in Paris. Paris/Leipzig 1900, S. 13
21. Marshall Everett: The Book of the Fair. O. O. 1904, S. 78,
22. Donna Ewald, Peter Clute: San Francisco invites the World. The Panama-Pacific International Exposition of 1915. San Francisco 1991, S. 78
23. Privat
24. Privat
25. Privat
26. Privat
27. Exposition Internationale Paris 1937. Le Guide officiel. Paris 1937, o. S.
28. John Allwood: The Great Exhibitions. London 1977, S. 143
29. Larry Zim, Mel Lerner, Herbert Rolfes: The World of Tomorrow. The 1939 New York World's Fair. New York 1988, S. 52
30. TU Dresden (wie Abb. 11)
31. Privat
32. Privat
33. TU Dresden (wie Abb. 11)

Nationenpavillons

1. A. J. Meier-Graefe (Hg.): Die Weltausstellung in Paris 1900, Paris/Leipzig 1900, S. 39
2. Illustrirte Zeitung, 6. April 1867, S. 235
3. Privat
4. TU Dresden, Institut für Kunst- und Musikwissenschaft
5. Illustrirte Zeitung, 6. Mai 1876, S. 348
6. Privat
7. Glücq (Hg.) L'Album de l'Exposition de 1878. Vues intérieures et extérieures de L'Exposition. Paris 1878, pl. 2
8. Ebd., pl. 14
9. L. Farge: Constructions Françaises et Étrangères. Paris 1889, pl. LXXXII
10. Unsere Weltausstellung. Eine Beschreibung der Columbischen Weltausstellung in Chicago, 1893. Chicago 1894, S. 265
11. TU Dresden (wie Abb. 4)
12. Georg Malkowsky (Red.): Die Pariser Weltausstellung in Wort und Bild. Berlin 1900, S. 80
13. A. J. Meier-Graefe (wie Abb. 1), S. 202
14. Privat
15. TU Dresden (wie Abb. 4)
16. Ebd.
17. Robert & Sonia Delaunay. Weltausstellung Paris 1937. Ausstellungskatalog, Köln 1997, S. 8
18. Exposition Internationale Art et Techniques 1937. Guide officiel. Paris 1937, o. S.
19. Ebd.
20. TU Dresden (wie Abb. 4)
21. Ebd.
22. L'Illustration, Sonderheft Exposition 1937, 14. August 1937, o. S.
23. Ebd.
24. Larry Zim, Mel Lerner, Herbert Rolfes: The World of Tomorrow. The 1939 New York World's Fair. New York 1988, S. 36
25. TU Dresden (wie Abb. 4)
26. Ebd.
27. Institut für Leichte Flächentragwerke, Universität Stuttgart
28. Ebd.
29. TU Dresden (wie Abb. 4)
30. Privat Ebd.
31. Photo Wörner
32. Guide to the Japan Pavilion. O. O., o. J., o. S.
33. Photo Wörner
34. Photo Wörner
35. Photo Wörner
36. Photo Hägele
37. MVRDV

Enzyklopädie der Menschheit

1. François Ducuing (Hg.): L'Exposition universelle de 1867 illustrée. Paris 1868, Bd. 2, S. 117
2. Unsere Weltausstellung. Eine Beschreibung der Columbischen Weltausstellung in Chicago, 1893. Chicago 1894, S. 491
3. François Ducuing (wie Abb. 1), S. 428
4. A. J. Meier-Graefe (Hg.): Die Weltausstellung in Paris. Paris/Leipzig 1900, S. 82
5. François Ducuing (wie Abb. 1), Bd. 1, S. 173
6. A. J. Meier-Graefe (wie Abb. 4), S. 175
7. Privat
8. John Allwood: The Great Exhibitions. London 1977, S. 136
9. Die Pariser Weltausstellung. Illustrirte und von der Commission autorisirte deutsche Ausgabe, Nr. 16, S. 125
10. Christian Beutler: Weltausstellungen im 19. Jahrhundert. Ausstellungskat. München 1974, S. 124
11. John Allwood (wie Abb. 8), S. 87
12. Ebd., S. 55
13. Wolfgang Friebe: Architektur der Weltausstellungen 1851-1970. Leipzig 1983, S. 79
14. Erik Mattie: Weltausstellungen. Stuttgart/Zürich 1998, S. 119
15. Donna Ewald, Peter Clute: San Francisco invites the World. The Panama-Pacific International Exposition of 1915. San Francisco 1991, S. 68
16. Unsere Weltausstellung (wie Abb. 2), S. 157
17. Pascal Ory: Les Expositions Universelles de Paris. Paris 1982, S. 53
18. Ebd., S. 66
19. The Crystal Palace Exhibition. Illustrated Catalogue. London 1851, S. 162

20. Encyclopédie du Siècle. L'Exposition de Paris. Paris 1900, Bd. 3, S. 149
21. Glücq (Hg.): L'Album de l'Exposition 1878. Paris o. J., pl. 70
22. A. J. Meier-Graefe (wie Abb.4), S.116
23. Georg Malkowsky (Red.): Die Pariser Weltausstellung in Wort und Bild. Berlin 1900, S. 415
24. Ebd., S. 457
25. Winfried Kretschmer: Geschichte der Weltausstellungen. Frankfurt a.M./New York 1999, S. 20
26. Illustrated Historical Register of the Centennial Exhibition 1867, S. 250
27. Gottfried Stoffers (Hg.): Deutschland in Brüssel 1910. Die deutsche Abteilung der Weltausstellung. Köln 1910, S. 96
28. Christian Beutler (wie Abb. 10), S. 110
29. A. J. Meier-Graefe (wie Abb. 4), S. 162
30. Illustrirte Zeitung, 24. August 1878, S. 149
31. Union Centrale des Arts Décoratifs (Hg.): Le livre des expositions universelles 1851-1989. Ausstellungskatalog, Paris 1983, S. 215
32. François Ducuing (wie Abb. 1)
33. Ebd., Bd. 1, S. 45
34. Dickinson's Comprehensive Pictures of the Great Exhibition of 1851. From the Originals painted for H.R.H. Prince Albert, by Messrs. Nash, Hughes and Roberts. London 1854

World of Tomorrow. The 1939 New York World's Fair. New York 1988, S. 167
19. Ebd., S. 160
20. New York World's Fair Bulletin. New York 1964, o. S.
21. Larry Zim (wie Abb. 18), S. 125
22. TU Dresden, Institut für Kunst- und Musikwissenschaft
23. New York World's Fair. Official Guide. New York 1965, S. 53
24. John Allwood: The Great Exhibitions. London 1977, S. 170
25. Privat
26. Privat
27. Privat
28. Billy Klüver, Julie Martin, Barbara Rose (Hg.): Pavilion by Experiments in Art and Technology. New York 1972, Cover
29. Ebd., S. 140
30. Daisy de Galard: 500 photographies de l'Expo '70. Paris 1970, S. 473
31. Ebd., S. 366
32. Photo Wörner
33. Siemens AG
34. Photo Wörner
35. Kothes Klewes Berlin GmbH
36. Duales System Deutschland AG
37. Ev. EXPO-Büro
38. Ebd.

Corporate Identity

1. Privat
2. François Ducuing (Hg.): L'Exposition universelle de 1867 illustrée. Paris 1868, Bd.1, S. 156
3. Pascal Ory: Les Expositions universelles de Paris. Paris 1982, S. 38
4. L. Farge: Constructions Françaises et Étrangères. Paris 1889, pl. XXII
5. Wolfgang Fach (Hg.): Die Messen der Maschinenbauer. Frankfurt a. M. 1987, S. 48
6. Privat
7. A. J. Meier-Graefe (Hg.): Die Weltausstellung in Paris. Paris/Leipzig 1900, S. 196
8. Ebd., S. 194
9. Ebd., S. 179
10. Marshall Everett: The Book of the Fair. O. O. 1904, S. 140
11. Privat
12. The Official Pictures of A Century of Progress Exhibition Chicago 1933. Chicago 1933
13. L'Illustration, Sonderheft Exposition 1935, 25. Mai 1935, o. S.
14. Ebd.
15. Privat
16. L'Illustration, Sonderheft Exposition 1937, 14. August 1937, o. S.
17. Remembering the Future. The New York World's Fair from 1939 to 1964. Ausstellungskatalog, New York 1989, S. 116
18. Larry Zim, Mel Lerner, Herbert Rolfes: The

Begegnung der Welt

1. John F. Kasson: Amusing the Million. Coney Island at the Turn of the Century. New York 1978, S. 22
2. John Allwood: The Great Exhibitions. London 1977, S. 20
3. Kenneth W. Luckhurst: The Story of Exhibitions. London/New York 1951, S. 101
4. Dickinson's Comprehensive Pictures of the Great Exhibition of 1851. From the Originals Painted for H.R.H. Prince Albert, by Messrs. Nash, Hughes and Roberts. London 1851
5. Pascal Ory: Les Expositions universelles de Paris. Paris 1982, S. 26
6. François Ducuing (Hg.): L'Exposition universelle de 1867 illustrée. Paris 1868, Bd. 1, S. 124
7. Illustrirte Zeitung, 6. September 1873, S. 172
8. Jules Pelqoq: Souvenir de l'Exposition universelle de Vienne. Dessins inédits de J. Pelqoq gravés par Morse. Paris o. J., o. S.
9. Österreichisches Museum für Angewandte Kunst; Vorbildersammlung, Fach 650
10. Die Pariser Weltausstellung 1878. Illustrirte und von der Commission autorisirte deutsche Ausgabe, Nr. 14, S. 102
11. Jonas Berg: Dräktdockor - Hazelius' och andras. In: Fataburen 1980, S. 20
12. Adriaan A. M. de Jong: Volkskunde im Freien. Musealisierung und Nationalisierung des Land-

lebens 1850-1920. In: Ethnologia Europaea 24.1994, S. 140
13. Privat
14. Illustrirte Zeitung, 13. Juli 1889, S. 45
15. C. L. Huard (Hg.): Livre d'Or de l'Exposition 1889. Paris o.J., S. 229
16. L'Exposition de Paris Nr. 14, 1. Juni 1889, S. 109
17. Unsere Weltausstellung. Eine Beschreibung der Columbischen Weltausstellung in Chicago, 1893. Chicago 1894, S. 380
18. Ansichten der Weltausstellung und Midway Plaisance, bestehend aus 17 ausgewählten Photographien der interessantesten Ansichten, Scenen und Völker der Ausstellung. Chicago 1894, o.S.
19. The Dream City. A Portfolio of Photographic Views of the World's Columbian Exposition. St. Louis 1904, o. S.
20. Ebd.
21. Ebd.
22. Unsere Weltausstellung (wie Abb. 17), S. 382
23. Chicago Times Portfolio (wie Abb. 19)
24. Privat
25. De panoramische droom - The Panoramic dream. Antwerpen en de wereldtentoonstellingen - Antwerpen and the world Exhibitions. 1855 - 1894 - 1930. Austellungskatalog 1983, S. 197
26. Georg Malkowsky (Red.): Die Pariser Weltausstellung in Wort und Bild. Berlin 1900, S. 237
27. Marshall Everett: The Book of the Fair. O. O. 1904, S. 78
28. Ebd., S. 95
29. Ebd., S. 261
30. Ebd., S. 288
31. Donna Ewald, Peter Clute: San Francisco invites the World. The Panama-Pacific International Exposition of 1915. San Francisco 1991, S. 59
32. Ebd., S. 117
33. Larry Zim, Mel Lerner, Herbert Rolfes: The World of Tomorrow. The 1939 New York World's Fair. New York 1988, S. 28
34. Photo Wörner
35. Photo Wörner
36. Photo Wörner
37. Photo Wörner

Der Fortschritt als Fest

1. Larry Zim, Mel Lerner, Herbert Rolfes: The World of Tomorrow. The 1939 New York World's Fair. New York 1988, S. 113
2. Wolfgang Friebe: Architektur der Weltausstellungen 1851 - 1970, Leipzig 1973, S. 15
3. François Ducuing (Hg.): L'Exposition universelle de 1867 illustrée. Paris 1868, Bd. 2, S. 216
4. John Allwood: The Great Exhibitions. London 1977, S. 51
5. Georg Malkowsky (Red.): Die Pariser Weltausstellung in Wort und Bild. Berlin 1900, S. 111
6. EXPO 2000
7. Larry Zim,(wie Abb. 1), S. 58
8. EXPO 2000
9. C. H. Gibbs-Smith: The Great Exhibition of 1851. London [2]1981, S. 48
10. Ebd., S. 61
11. Ebd., S. 93
12. François Ducuing (wie Abb 3), Bd. 1, S. 154
13. Ebd., S. 116
14. Ebd.
15. Union Centrale des Arts Décoratifs (Hg.): Le Livre des expositions universelles 1851-1989. Ausstellungskatalog, Paris 1983, S.227
16. François Ducuing (wie Abb. 3), Bd. 2, S. 436
17. Ebd., Bd. 1, S. 178
18. John Maass: The Glorious Enterprise. The Centennial Exhibition of 1876 and H. J. Schwarzmann, Architect-in-Chief. Watkins Glen/New York 1973, Fig. 35
19. John Allwood (wie Abb. 4), S. 51
20. Christian Beutler (Hg.): Weltausstellungen im 19. Jahrhundert. Ausstellungskatalog, München 1974, S. 135
21. Ebd., S. 162
22. C. L. Huard (Hg.): Livre d'Or de l'Exposition 1889. Paris o.J., S. 441
23. Privat
24. Privat
25. A. J. Meier-Graefe (Hg.): Die Weltausstellung in Paris. Paris/Leipzig 1900, S. 172
26. Georg Malkowsky (Red.): Die Pariser Weltausstellung in Wort und Bild. Berlin 1900, S. 379
27. Union Centrale des Arts Décoratifs (wie Abb. 15), S. 110
28. Ebd.
29. A. J. Meier-Graefe (wie Abb. 25), S. 170
30. Privat
31. E. Rossel: Livre d'Or de l'Exposition Universelle et Internationale de Bruxelles en 1910. Brüssel 1910, S. 147
32. John Allwood (wie Abb.4), S. 121
33. Donna Ewald, Peter Clute: San Francisco invites the World. The Panama-Pacific International Exposition of 1915. San Francisco 1991, S. 57
34. Ebd., S. 109
35. Ebd., S. 98
36. Privat
37. Robert & Sonia Delaunay. Weltausstellung Paris 1937. Ausstellungskatalog. Köln 1997, S. 10
38. Ebd., S. 60
39. TU Dresden; Institut für Kunst- und Musikwissenschaft
40. Ebd.
41. Institute Française d'Architecture/Paris Musées (Hg.): Paris 1937 Cinquantenaire. Ausstellungskatalog, Paris 1987, S. 138
42. Heinrich Hoffmann: Deutschland in Paris. München 1937, S. 85

43. Larry Zim (wie Abb. 1), S. 95
44. Stanley Appelbaum: The New York World's Fair 1939/1940. New York 1977, S. 85
45. Larry Zim (wie Abb. 1), S. 117
46. Ebd., S. 121
47. Ebd., S. 81
48. Ebd., S. 58
49. Ebd., S. 128
50. Privat
51. Privat
52. New York World's Fair. Official Guide. New York 1965, S. 72
53. TU Dresden (wie Abb. 38)
54. Ebd.

Visionen der Zukunft

1. Photo Wörner
2. C. H. Gibbs-Smith: The Great Exhibition of 1851. London [2]1981, S. 43
3. Ebd., S. 34
4. Die Pariser Weltausstellung. Illustrirte und von der Kommission autorisirte deutsche Ausgabe Nr. 56, S. 409
5. Privat
6. Jeanne Madeline Weimann: A Temple to Women's Genius: the Woman's Building of 1893. In: Chicago History Spring 1977, S. 31
7. John Henry Borrows (Hg): The World's Parliament of Religions. Chicago 1893, o. S.
8. Larry Zim, Mel Lerner, Herbert Rolfes: The World of Tomorrow. The 1939 New York World's Fair. New York 1988, S. 52
9. Ebd., S. 79
10. Ebd., S. 55
11. Ebd., S. 108
12. Ebd., S. 111
13. Ebd., S. 108
14. Ebd., S. 12
15. Ebd., S. 82
16. Union Centrale des Arts Décoratifs (Hg.): Le livre des expositions universelles 1851-1989. Ausstellungskatalog, Paris 1983, S. 171
17. Privat
18. Privat
19. Privat
20. Privat
21. Privat
22. Daisy de Galard: 500 photographies de l'Expo '70. Paris 1970, S. 197
23. Ebd., S. 259
24. EXPO 2000
25. Ebd.
26. Ebd.

Der Blick zurück

1. Unsere Weltausstellung. Eine Beschreibung der Columbischen Weltausstellung in Chicago, 1893. Chicago 1894, S. 348
2. The Crystal Palace Exhibition. Illustrated Catalogue. London 1851, S. XXIV
3. The Illustrated London News, 11. Mai 1867, S. 472
4. François Ducuing (Hg.): L'Exposition universelle de 1867 illustrée. Paris 1868, Bd. 2, S. 120
5. Ebd., Bd. 1, S. 160
6. Ebd., S. 57
7. Ebd., S. 236
8. Karl Julius Schröer: Das Bauernhaus mit seiner Einrichtung und seinem Geräthe (Gruppe XX.). In: General-Direction der Wiener Weltausstellung (Hg.): Officieller Ausstellungsbericht. Wien 1874, S. 9
9. L'Exposition de Paris Nr. 17/1889, S. 133
10. Glücq: L'Album de l'Exposition 1889. Paris 1889, pl. 7
11. L'Exposition de Paris Nr. 19/1889, S. 156
12. Revue Illustrée, 1. Oktober 1889, S. 244
13. C. L. Huard (Hg.): Livre d'Or de L'Exposition 1889. Paris o. J., S. 569
14. Revue Illustrée, 15. September 1889, S. 91
15. Unsere Weltausstellung (wie Abb. 1), S. 353
16. Georg Buss: Beschreibung der Deutschen Pfalz und Führer durch das Deutsche Dorf. Berlin 1893, S. 7
17. Unsere Weltausstellung (wie Abb. 1), S. 332
18. Georg Buss (wie Abb. 16), S. 32
19. Unsere Weltausstellung (wie Abb. 1), S. 342
20. Ebd., S. 338
21. De panoramische droom - The Panoramic Dream. Antwerpen en de wereldtentoonstellingen - Antwerpen and the World Exhibitions. 1885 - 1894 - 1930. Ausstellungskatalog, Antwerpen 1993, Abb. 197
22. Illustrirte Zeitung, 17. Juli 1894, S. 35
23. De panoramische droom (wie Abb. 21), Abb. 196
24. Georg Malkowsky (Red.): Die Pariser Weltausstellung in Wort und Bild. Berlin 1900, S. 111
25. Ebd., 371
26. Privat
27. Privat
28. A. J. Meier-Graefe (Hg.): Die Weltausstellung in Paris 1900. Paris/Leipzig 1900, S. 184
29. Privat
30. Georg Malkowsky (wie Abb. 24), S. 341
31. Jules Sain: Musée retrospective du Groupe VII, Agriculture. Paris 1900, S. 99
32. Wolfgang Friebe: Architektur der Weltausstellungen 1851-1970. Leipzig 1973, S. 141
33. De panoramische droom (wie Abb. 21), Abb. 187
34. Exposition Internationale Arts et Techniques Paris 1937. Guide officiel. Paris 1937. o. S.
35. Privat
36. Larry Zim, Mel Lerner, Herbert Rolfes: The World of Tomorrow. The 1939 New York World's Fair. New York 1988, S. 169
37. New York World's Fair. Official Guide. New York 1965, S. 54

38. Privat
38. Daisy de Galard: 500 photographies de l'Expo '70. Paris 1970, S. 321
39. Ebd., S. 334
40. Photo Wörner
41. Photo Wörner
42. Privat
43. Photo Wörner

Kultur und Entertainment

1. Marshall Everett: The Book of the Fair. O. O. 1904, S. 114
2. Larry Zim, Mel Lerner, Herbert Rolfes: The World of Tomorrow. The 1939 New York World's Fair. New York 1988, S. 8
3. Marylin Blaisdell: San Francisciana Photographs of three World's Fairs. San Francisco 1994, S. 32
4. Unsere Weltausstellung. Eine Beschreibung der Columbischen Weltausstellung in Chicago, 1893. Chicago 1894, S. 348
5. Wolfgang Friebe: Architektur der Weltausstellungen 1851-1970. Leipzig 1973, S. 44
6. Privat
7. Johann Jacobs Museum, Zürich
8. Die Pariser Welt-Ausstellung. Illustrirte von der Commission autorisirte deutsche Ausgabe Nr. 62, S. 479
9. TU Dresden, Institut für Kunst- und Musikwissenschaft
10. Ansichten der Welt-Ausstellung und Midway-Plaisance, bestehend aus 217 ausgewählten Photographien der interessantesten Ansichten, Scenen und Völker der Ausstellung. Chicago 1894, o. S.
11. Unsere Weltausstellung (wie Abb. 4), S. 387
12. Ebd., S. 376
13. Ansichten der Weltausstellung (wie Abb. 10).
14. Privat
15. Union Centrale des Arts Décoratifs (Hg.): Le livre des expositions universelles 1851-1989. Ausstellungskatalog, Paris 1983, S. 111
16. Pascal Ory: Les Expositions Universelles de Paris. Paris 1982, S. 70
17. Georg Malkowsky (Red.): Die Pariser Weltausstellung in Wort und Bild. Berlin 1900, S. 474
18. Ebd., S. 240
19. Marylin Blaisdell (wie Abb 3), S. 10
20. TU Dresden, (wie Abb. 9)
21. Larry Zim (wie Abb. 2), S. 32
22. Ebd., S. 176
23. La vie publique de Salvador Dalí. Ausstellungskatalog, Paris 1980, S. 80
24. Art in America 4/1964, S. 112
25. Ebd., S. 113
26. Remembering the Future. The New York World's Fair from 1939 to 1964. Ausstellungskatalog, New York 1989, S. 176
27. Ebd. S. 177
28. Expo 67 Montréal Canada. Album Memorial de l'Exposition Universelle et Internationale de première categorie. Montreal 1968, S. 177
29. Erik Mattie: Weltausstellungen. Stuttgart/Zürich 1998, S. 233
30. Osaka1970. Official Guide. Osaka 1970, S. 253
31. Daisy de Galard: 500 photographies de l'Expo '70. Paris 1970, S. 397
32. Photo Wörner
33. Der Schweizer Pavillon. Ein kleiner Führer. Basel 1992, S. 6
34. EXPO 2000
35. EXPO 2000/BMG Ariola Arista
36. EXPO 2000
37. Ebd.

LITERATURAUSWAHL

Aimone, Linda/Olmo, Carlo: *Le esposizioni universale 1851-1900. Il progresso in scena.* Turin 1991.

Allwood, John: *The Great Exhibitions.* London 1977.

Benedict, Burton: *The Anthropology of World's Fairs: San Francisco's Panama-Pacific International Exposition of 1915.* Berkeley 1983.

Beutler, Christian (Hg.): *Weltausstellungen des 19. Jahrhunderts.* Ausstellungskatalog, München 1974.

Brandt, Otto: *Zur Geschichte und Würdigung der Weltausstellungen.* In: Zeitschrift für Socialwissenschaft 7.1904, S. 6-96.

Cawelti, John: *America on Display. The World's Fairs of 1876, 1893, and 1933.* New York o. J.

Çelik, Zeynep: *Displaying the Orient. Architecture of Islam at Nineteenth-Century World's Fairs.* Berkeley/New York 1992.

Cordato, Mary Frances: *Representing the Expansion of Women's Sphere. Woman's Work and Culture at the World's Fairs of 1876, 1893, and 1904.* Diss. New York 1989.

Doctorow, Edgar Lawrence: *Weltausstellung.* Reinbek 1995.

Felber, Ulrike/Krasny, Elke/Rapp, Christian: *Smart Exports. Österreich auf den Weltausstellungen 1851- 2000.* Wien 2000.

Findling, John E./Pelle, Kimberley D. (Hg.): *Historical Dictionary of World's Fairs and Expositions, 1851-1988.* New York/Westport/ London 1990.

Friebe, Wolfgang: *Architektur der Weltausstellungen. 1851-1970.* Leipzig 1983.

Greenhalg, Paul: *Ephemeral vistas: a history of the Expositions Universelles, great exhibitions and world's fairs, 1851-1939.* Manchester 1988.

Haltern, Utz: *Die Londoner Weltausstellung. Ein Beitrag zur Geschichte der bürgerlich-industriellen Gesellschaft im 19. Jahrhundert (= Neue Münstersche Beiträge zur Geschichtsforschung im 19. Jahrhundert Bd. 13).* Münster 1971.

Ders.: *Die „Welt als Schaustellung". Zur Funktion und Bedeutung der internationalen Industrieausstellung im 19. und 20. Jahrhundert.* In: Vierteljahresschrift für Sozial- und Wirtschaftsgeschichte Bd. 60/1973, S. 1-40.

Hofmann, Werner: *Die Welt als Schaustellung.* In: Ders.: *Das Irdische Paradies. Motive und Ideen des 19. Jahrhunderts.* München ^{3}1991, S. 86-111.

Kalb, Christiane: *Weltausstellungen im Wandel der Zeit und ihre infrastrukturellen Auswirkungen auf Stadt und Land* (= Europäische Hochschulschriften Bd. 1570). Frankfurt a. M./Berlin/Bern/New York/Paris/Wien 1994.

Kraemer, Hans: *Das XIX. Jahrhundert in Wort und Bild.* 4 Bde., Berlin/Leipzig/Stuttgart/Wien 1899f.

Krasny, Elke: *Zukunft ohne Ende - das Unternehmen Weltausstellung.* In: Felderer, Brigitte (Hg.): *Wunschmaschine Welterfindung. Eine Geschichte der Technikvisionen seit dem 18. Jahrhundert.* Ausstellungskatalog, Wien 1996, S. 314-338.

Kretschmer, Winfried: *Geschichte der Weltausstellungen.* Frankfurt/New York 1999.

Kuchenbuch, Thomas: *Die Welt um 1900. Unterhaltungs- und Technikkultur.* Stuttgart/Weimar 1992.

Leprun, Silvaine: *Le Théâtre des Colonies. Scénographie, acteurs et discours de l'imaginaire dans les expositions 1855-1937.* Paris 1986.

Lessing, Julius: *Das halbe Jahrhundert der Weltausstellungen.* In: Volkswirthschaftliche Zeitfragen 22.1900, S. 1-30-

Löfgren, Orvar: *The Nationalization of Culture.* In: Ethnologia Europaea 19.1989, S. 5-24.

Luckhurst, Kenneth W.: *The Story of Exhibitions.* London/New York 1951.

Maag, Georg: *Kunst und Industrie im Zeitalter der ersten Weltausstellungen. Synchronische Analyse einer Epochenschwelle* (= Theorie und Geschichte der Literatur und der Schönen Künste Bd. 74). München 1986.

Mainardi, Patricia: *Art and Politics of the Second Empire. The Universal Expositions*

of 1855 and 1867. New Haven/London 1987.
Mattie, Erik: *Weltausstellungen.* Stuttgart/Zürich 1998.

Mitchell, Timothy: *The World as Exhibition.* In: Comparative Studies in Society and History 31.1989, S. 217-236.

Mundt, Barbara: *Historismus. Kunsthandwerk und Industrie im Zeitalter der Weltausstellungen* (= Studien zur Kunst des 19. Jahrhunderts Bd. 22). München 1974.

Ory, Pascal: *Les expositions de Paris.* Paris 1982.

De panoramische Droom/The panoramic dream. Antwerpen en de wereldtentoonstellingen/Antwerp and the World Exhibitions 1885 - 1894 - 1930. Ausstellungskatalog, Antwerpen 1993.

Piat, Charles: *Les Expositions internationales relevant du Bureau International des Expositions.* Paris 1983.

Plum, Werner: *Weltausstellungen des 19. Jahrhunderts: Schauspiele des sozio-kulturellen Wandels.* Bonn-Bad-Godesberg 1975.

The Queens Museum (Hg.): *Remembering the Future. The New York World's Fair from 1939 to 1964.* New York 1989.

Rapp, Christian: *Die Welt im Modell. Weltausstellungen im 19. Jahrhundert.* In: Hermann Fillitz (Hg.): *Der Traum vom Glück. Die Kunst des Historismus in Europa.* Ausstellungskatalog, Wien 1996, S. 45-51.

Rydell, Robert W.: *All the World's a Fair: a vision of Empire at America's International Expositions, 1876-1916.* Chicago 1984.

Ders.: *The Book of the Fairs. Materials about World's Fairs 1834-1916, in the Smithsonian Institution Libraries.* Chicago/Washington 1992.

Schriefers, Thomas: *Für den Abriss gebaut? Anmerkungen zur Geschichte der Weltausstellungen.* Hagen 1999.

Schroeder-Gudehus, Brigitte/Rasmussen, Anne: *Les fastes du progrès. Le guide des Expositions universelles 1851-1992.* Paris 1992.

Sigel, Paul: *Exponiert. Deutsche Pavillons auf Weltausstellungen.* Berlin 2000.

Stoklund, Bjarne: *The Role of the International Exhibitions in the Construction of National Cultures in the 19th Century.* In: Ethnologia Europaea 24.1994, S. 35-44.

Union Centrale des Arts Décorativs (Hg.): *Le livre des expositions universelles 1851-1982.* Ausstellungskatalog, Paris 1983.

Wörner, Martin: *'Vergnügung und Belehrung'. Volkskultur auf den Weltausstellungen 1851-1900.* Münster/New York/München/Berlin 1999.

Ders.: *Religionen auf den Weltausstellungen* (Hg.: Ev. EXPO-Büro). Hannover 2000.

REGISTER

176 Seiten und
270 Abbildungen,
1 Übersichtsplan
Broschiert
ISBN 3-496-01223-4

Dietrich Reimer Verlag · Berlin

XXXVI und 250 Seiten mit
361 Objekten,
805 Abbildungen,
Architekten-, Baugattungs-,
Straßen- und
historisches Register
Deutsch/Englisch
Broschiert
ISBN 3-496-01210-2

Dietrich Reimer Verlag · Berlin